【诗歌行者系列】

王楠／著

Wang Nan

徐志摩

人生过处，梦痕轻轻

哈尔滨出版社
HARBIN PUBLISHING HOUSE

图书在版编目（CIP）数据

徐志摩：人生过处，梦痕轻轻 ／ 王楠著.—哈尔滨：哈尔滨出版社，2018.3
（诗歌行者系列）
ISBN 978-7-5484-3773-4

Ⅰ．①徐… Ⅱ.①王… Ⅲ.①传记文学－中国－当代
Ⅳ.①I25

中国版本图书馆CIP数据核字（2017）第298239号

书　　名：**徐志摩——人生过处，梦痕轻轻**

作　　者：王　楠　著
责任编辑：任　环　滕　达
责任审校：李　战
装帧设计：上尚装帧设计

出版发行：哈尔滨出版社（Harbin Publishing House）
社　　址：哈尔滨市松北区世坤路738号9号楼　　邮编：150028
经　　销：全国新华书店
印　　刷：哈尔滨市石桥印务有限公司
网　　址：www.hrbcbs.com　　www.mifengniao.com
E-mail：hrbcbs@yeah.net
编辑版权热线：（0451）87900271　87900272
销售热线：（0451）87900202　87900203
邮购热线：4006900345（0451）87900345　87900256

开　　本：787mm×1092mm　　　1/16　　印张：16.5　　字数：175千字
版　　次：2018年3月第1版
印　　次：2018年3月第1次印刷
书　　号：ISBN 978-7-5484-3773-4
定　　价：42.80元

凡购本社图书发现印装错误，请与本社印制部联系调换。　　服务热线：（0451）87900278

/ 序 "情"与"名"的同行

精致的英式西装，圆圆的绅士眼镜，中分的头发梳得一丝不苟，微偏着头望过来，目光澄澈，一身清俊儒雅。这样一位翩翩浊世佳公子，从民国时代走来，情化成诗，诗亦是情，留下旷世难寻的情诗绝唱。

情，最是弄人，尤其在无常的俗世中，总是上演着相聚与别离。徐志摩的一生，爱与自由是主题，奈何情路坎坷。他在张幼仪的爱中，随遇而安，浅尝辄止；在林徽因的爱中，康桥绝恋，相思不悔；在陆小曼的爱中，辗转成歌，至死不渝。他爱时，可以轰轰烈烈、不顾一切；他不爱时，也可以华丽转身、不惮人言。他的爱是那样潇洒，他的诗亦然。

情不知所起，诗却因人而出，在爱与被爱之中，徐志摩活出了一段旷世传奇，写出一曲诗意九天。他一生的辉煌与情事，都在他的诗中。透过文字，读懂他的内心，那是对爱的执着与向往，那是对自由的义无反顾。

轻轻的我走了，正如我轻轻的来。徐志摩的生命是短暂的，也许就是应了那句情深不寿吧。为了林徽因，他飞越千山万水，却终是飞不到那爱的彼岸，正如他求之不得的爱恋，不可逾越。也正因为他的一生短暂，他的人生更添浪漫色彩，他飘逸的一生，在他最好的年华中戛然而止。

徐志摩是一位热爱生活的诗人，一生之中都没有断了对真善美的追求。他坚信，生活如同艺术一般，充满诗情画意，所以，他不允许自己的生活过于单调，也无法接受生活中的她乏味无趣。所以，张幼仪这个失了徐志摩却得了全天下的女人"出局了"。

徐志摩是一位渴望自由的诗人，他不愿被任何枷锁束缚和捆绑，包括精神和肉体。他喜欢一切美好的人和事物，比如，仿佛初见的林徽因，这个一生来与不来都牵绊着徐志摩心魂的女人，到徐志摩生命结束的那一刻，都在他心里灿烂得理所当然。也许，正是因为从未得到过，徐志摩世界里的林徽因总是最美好的。

徐志摩是一个喜爱热闹的诗人，一句话，一抹笑就会组织一场没有主题恰又胜过所有主题的聚会。这样的聚会，让他收获了成功的事业——新月社，与近乎完美的感情另一端——陆小曼。是的，徐志摩生命里的三个女人中，唯陆小曼最像徐志摩，也是最能"魔"住摩的女人。徐志摩的离世，最受挫的当是陆小曼，她的生活从此变得没有了光彩，她可以和别的男人滚床单，却不会再谈一次恋爱。

他的情，影响了三个女人；他的名，影响了整个中国的近现代文坛。至今，那句"悄悄的我走了，正如我悄悄的来；我挥一挥衣袖，不带走一片云彩"，依然朗朗地回荡在三尺讲台。

目　录

4

壹

身显赫，扬名印累

徘徊在生命的户外

中国自古以来都有着这样一句形容词，叫作"隔代亲"，说的是祖父母一辈的长者对孙子孙女的疼爱胜过父母对子女的爱，还有一层含义是指身为祖父母的亲自抚养孙子孙女的经历。在徐志摩的童年生活里，除了父亲带给他的殷实的物质生活保障外，给予他幸福感最强的便是与祖母共同生活的那些年。

徐志摩的父亲徐申如在家中排行老七，徐志摩祖父在晚年时，便将徐家的产业交由徐申如经营，徐志摩是徐申如唯一的儿子，也是老徐家第一个孙子，这个独子长孙从诞生的那一刻开始，就注定了他这一生的不平凡。

那是一个忙碌又潮湿的季节，徐志摩像带着某种使命一样在农历新年临近时降生在海宁硖石最富裕的一个家庭。家中最年长的祖父、祖母两位老人对徐志摩视如珍宝般疼爱，因为小志摩的父亲要经营整个家族的生意，所以，更多的宠爱责任便落在了祖父母的肩上。幼小的徐志摩聪明伶俐，他的一举一动都牵系着祖父母的心。但天有不测风云，小志摩不满六岁的时候，祖父因病去世。在此之后，祖母更加宠溺孙儿。在小志摩的心里，仿佛感觉到了祖母一个人代替她和祖父两个人来疼爱他，而他，也越来越离不开祖母的怀抱。

> 早上走来祖母的床前，揭开帐子叫一声软和的奶奶，她也回叫了我一声，伸手到里床去摸给我一个蜜枣或是三片状元糕，我又叫了一声奶奶，出去玩了，那是如何可爱的辰光，如何可爱的天真……

在徐志摩所著的《我的祖母之死》中，他曾这样表述自己与祖母之间的亲密程度。我们可以切身体会得到，一个年过花甲的老妇人，儿子忙于生意，丈夫因病离世，剩下的所有生活就都被这个不停嬉闹的小鬼占据了。对于老人家来说，她清楚地知道自己的生命正在渐行渐远，而孙儿的健康成长，更像是自己生命的另一种延续，是生的愿望真实的表达。

曾有研究表明，人会随着年龄的变老而心智和心理双向趋近稚化，潜移默化中，老年人便开始与孩童更为亲近了。而孩子在得到祖父母的特别宠溺和爱抚后，会越来越依赖这种幸福感觉。徐志摩就是在祖母的殷切关怀中度过了无比愉悦的童年的。后来，即使被父亲送去了私塾，他每天放学回家的第一件事总是跑到祖母的面前"汇报功课"，和她一起分享课堂上的有趣之事。他委屈时想到祖母的怀里哭泣，无聊时想到祖母的膝前听有趣的故事，被父亲责骂了想着到祖母这里寻求慰藉，遇到难题了想着祖母一定可以给予他最可靠的答案……如果时间就定格在这样幸福的时刻该有多好。

可是，时光不会停下前行的脚步，孩童在长大，长者在衰老，生命就在这样的两端无限延伸着，延伸着。徐志摩成年后在父亲的安排下结婚、生子、留学……对于徐志摩来说，不管来自家庭的"负能量"有多大，只要有机会回家，一定要多陪伴在祖母身旁。

1922年，徐志摩留学回国时，曾有言："老祖母的不减的清健，给了我不少的安慰。"祖母就是徐志摩心中最至亲挚爱之人，祖母是"爱我疼我宠我的好祖母"。回国后的第四天正值重阳节，徐志摩放下手中所有待办事宜，专心致志陪同祖母去普陀山烧香。佛祖之前，祖孙二人的祈福愿望，一个是希望孙儿万事顺意，一个是希望祖母安康长寿，想必，"佛祖"也会为他们伟大的爱有所动容吧。

图1-1　徐志摩祖母与徐志摩之子徐积锴合影

这张照片拍摄的时间应该是1919年至1920年间，祖母怀里抱着的正是徐志摩的长子徐积锴。这张照片一直保存在徐志摩的第一任妻子、徐积锴生母张幼仪女士保存下来的徐家家庭相册中。当她后来辗转于香港、美国等地时，她始终将这张珍贵的照片完好保存着。

1923年8月18日，84岁高龄的

祖母突发脑卒中，一病不起。这个有着多种诱发因素的脑内动脉狭窄、闭塞或破裂而造成的急性脑血液循环障碍疾病正在吞噬着徐家老祖母的生命。当时，徐志摩正陪同恩师梁启超在北戴河疗养，而他也身兼北京松坡图书馆英文秘书及北京大学英文系教授等职务。家中一纸电报打乱了徐志摩所有的工作和生活上的计划，祖母病危的通知如同晴天霹雳一般击打着徐志摩的身体乃至心灵。他一边心急如焚地收拾行囊赶回家，一边无数次将童年时期与祖母的美好记忆在眼前回放。

> 她十日前在暗房里踬仆倒地，从此不再开口出言，登仙似的结束了她八十四年的长寿，六十年良妻与贤母的辛勤，她现在已经永远的脱辞了烦恼的人间，还归她清净自在的来处。我们承受她一生的厚爱与荫泽的儿孙，此时亲见，将来追念，她最后的神化，不能自禁中怀的摧痛，热泪暴雨似的盆涌，然痛心中却亦隐有无穷的赞美，热泪中依稀想见她功成德备的微笑，无形中似有不朽的灵光，永远的临照她绵衍的后裔……

徐志摩已经不记得最开始的那段与祖母有关的记忆停留在哪一刻了，他只想以最快的速度赶回家，见见那位给予他一生最博大之爱的亲人。

> 我一路回家，怕的是也许已经见不到老人，但老人

却在生死的交关仿佛存心的弥留着，等待她最钟爱的孙
儿——即不能与他开言诀别，也使他尚能把握她依然温暖
的手掌，抚摩她依然跳动着的胸怀，凝视她依然能自开自
阖虽则不再能表情的目睛。

那些保佑祖母健康的佛祖、神仙等一行人大概都显灵了，让祖
母有幸延续生命直到徐志摩赶回家的一刻。当徐志摩赶回到祖母榻
前时，祖母已经深受脑卒中之害丧失可感知能力，无论徐志摩多么
撕心裂肺地呼喊："奶奶——奶奶——奶奶！奶——奶！你的孙儿
回来了，奶奶！"没有回音，祖母依然没有任何外在的感知。

就这样，徐志摩无比煎熬地陪伴在"徘徊在生命户外"的祖
母身边。

一天，一天，又是一天——在垂危的病塌前过的时
刻，不比平常飞驶无碍的光阴，时钟上同样的一声的嗒，
直接的打在你的焦急的心里，给你一种模糊的隐痛……

人世间，似乎找不到任何一种无奈能比得上亲眼见到最亲的
人离自己而去。天有不测风云，人有旦夕祸福，可当这一切灰暗
成为事实之时，人们还是难以接受。生老病死不受人之决定，一
切的结束也就是弹指一挥便烟消云散，留下的，是他人的思念和
过往的沉淀。

到了八月二十七那天，离她起病的第十一天，医生吩

咐脉象大大的变了，叫我们当心，这十一天内每天她只咽入很困难的几滴稀薄的米汤，现在她的面上的光泽也不如早几天了，她的目眶更陷落了，她的口部的筋肉也更宽弛了，她右手的动作也减少了，即使拿起了扇子也不再能很自然的扇动了——她的大限的确已经到了。

在几秒时内，死的黑影已经移上了老人的面部，遏灭了生命的异彩，她最后的呼气，正似水泡破裂，电光杳灭，菩提的一响，生命呼出了窍，什么都止息了。

我的祖母死了! 从昨夜十时半起，直到现在，满屋子只是号啕呼抢的悲音，与和尚、道士、女僧的礼忏鼓磬声。二十年前祖父丧时的情景，如今又在眼前了。忘不了的情景! 你愿否听我讲些?

祖母的离世对徐志摩的打击无以言表，那种来自内心深处的失落之感只有当事之人才有话语权。这已经是徐志摩有生之年第二次（上一次是不满六岁的时候祖父的离去，不过那时候徐志摩还小，感受也没有现在这般深刻）经历亲人的变故了，此时的徐志摩的精神与心灵双重的"彻悟"让他有一种强烈的抒发情思的欲望，最终，全部情感流露化成深度散文《我的祖母之死》，并发表于1923年12月1日的《晨报五周年纪念增刊》。本节中部分引用均取自这篇巨作。

天之大，父爱无瑕

在中国浙江省北部，有一个文化底蕴超级深厚的小城市，它的名字叫作"海宁"。海宁是个人才辈出的宝地，自有记载的三国东吴名将陆逊(183—245)开始，包括当代诗人穆旦、物理学家王恒守、著名学者王国维与王国华兄弟以及武侠文学巨匠金庸等在内的名人逸事如同海宁的历史一样源远流长。

1872年，"徐裕丰酱园"的独资老板徐星匏的第七个孩子徐申如（徐志摩的父亲）诞生了。徐氏家族的族谱记载显示：徐氏祖居海盐花巷里，明代正德年间迁居硖石后开始经商，可见徐氏家族是名副其实的商贾之家。徐申如是众多子孙当中，最有经商潜力的一个，所以，在徐星匏晚年双目失明时，七子徐申如挑起徐氏家族大梁，承祖业独资经营祖传徐裕丰酱园，除此之外还广泛投资于钱庄等，家资日丰，成为远近闻名的"硖石首富"。

经商，创办实业，成立钱庄、绸布号、木行，开筑铁路，公益行善等标签齐刷刷地贴在徐申如的身上，他身上的光环，除集成家族产业之外，主要还是他那善于接受新鲜事物、抓住机遇、乘势而上的思维和洞悉能力使然。当然，真正起到"激励"作用的因素还是儿子的出生。这位傲骨嶙嶙的父亲，必须努力赚钱养家，培养儿子与经营事业并重。

1897年1月15日，25岁的徐申如喜得一子，即我们本书的主人公徐志摩。徐志摩的母亲钱慕英比其父小两岁，作为徐申如的第二任妻子，这个贤良淑德的女人为丈夫、为徐氏家族做出的贡献功不可没。

随着儿子的降生，徐申如对进一步的资金盘活加紧了时间进程，同年，徐申如与合伙人合资创办了裕通钱庄，"注册"资本4万银两，约合人民币900万元[①]。裕通钱庄是海宁硖石的第一家钱庄，也是徐申如"子承父业"之后第一份自己的事业。1913年，徐申如与合伙人沈叔英、沈佐宸等人筹集20720银圆创办了浙江省最早一批火力发电的硖石电灯股份有限公司，后经多次扩充与并购，地区性垄断了几乎所有的工业能源与照明供应市场。1917年，徐申如与徐蓉初、许文伯、胡子珍、陈端卿、何仲籛等人集资股份100股，资本总额1万银圆（后又增资5000银圆），创建硖石捷利电话股份有限公司。该公司对海宁硖石的经济和社会发展，起到了重要的拉动和促进作用。1926年，徐申如与李伯禄等人筹资兴建硖石双山丝厂[②]，斥资引进意大利式缫丝车132部，解决地区劳动就业人数超过300人。

---

① 以清朝中晚期1两银子为220～230元人民币合算。
② 今浙江海宁中丝三厂。

徐申如作为该厂的董事长，深得公司上下的一致好评，振兴和发展了海宁的丝绸工业。这一年，徐申如54岁，一个接近于"退休"的年龄，却被徐申如渲染得异彩纷呈。

徐申如爱财，但他爱的是大财，"国在、家在、财才在"的价值观根深蒂固地植于徐申如的经商理念中。为人正直又富有正义感的徐申如与众多江浙人士一样反对帝国主义侵略行为，20世纪初期，他与有志之士筹集资金力争自筑沪杭铁路。徐申如以"浙路公司董事"的身份积极参与到铁路筑建的各个环节中，并协助汤寿潜奔走规划、筹集资金；与海宁地方人士徐骝良、许行彬、吴小鲁等最终协力促成沪杭铁路行经硖石，横贯海宁。

其实，当时的江浙一带，已经成为工商业发展迅速的国家之榜样，地区的社会资金也做了不少积累，政商两界的上层人物均意识到铁路已经成为新型的营利事业。徐申如以其独到的慧眼看出铁路"人利于行、货畅其流"的重要价值，这与中国人传统观念中的"要想富先修路"不谋而合。但来自地区性的"盲性压力"也不小，按照当时的勘测设计，这段铁路自上海到杭州的路段，需要经由嘉兴、桐乡崇德直线施工，桐乡的士绅（主要由科举及第未仕或落第士子、当地较有文化的中小地主、退休回乡或长期赋闲居乡养病的中小官吏、宗族元老等一批在乡村社会有影响力的人物构成。他们近似于官而异于官，近似于民又在民之上）担心筑路要占用大量农田、拆毁房屋和坟墓是"坏了该县风水"的凶兆，因此极力反对铁路过境。而徐申如以"发展地区交通经济"和"改变硖石落后面貌"为初衷，不断游说于浙路督办汤寿潜与海宁士绅之间。功夫不负有心人，徐申如的努力得到了事实的见证：不仅说服海宁士绅筹集资金300万银圆，另联名上报，终获批将铁路绕道由海宁境内通过。沪杭铁路通车不仅填补了海宁铁路交通史的空白，更为振兴海宁的经济文化打下了良好的基础，直至民国3年6月，沪杭铁路才由商办收归国有。

徐申如善于聚财，也懂得善意地去散财，跟着徐申如一路走来的合作伙伴都实现了自己的财富梦想，而这些对于徐申如来说还远远不够，他要为更多需要"资金"的人和事做点什么才行。

1910年，徐申如与故交吴小鲁创办了碳石商团，徐申如本人任职团长；后又与吴欣木等人合资购置大量水龙等防火器材，为绅民提供消防服务；1923年，鉴于局势紧张，江浙士绅纷传两省可能会爆发军事行动，徐申如自告奋勇担任"说客"，直系军阀迫于社会各界头面人物的压力，不得不将对江浙两省的军事行动推迟了一年；1934年，海宁大旱，导致禾苗干枯，百姓流离失所，徐申如"请缨"出任县旱灾赈济委员会首席常委兼上海分会主任，带领社会各界爱心人士积极参与到赈灾募捐中，最终与民众共同努力，平稳度过了大旱之年；辛亥革命时期，徐申如曾冒着生命危险，在杭州起义前，提前三天将4000粒七九步枪子弹运到杭州城，为那一场战役的成功，浓重地勾勒上一笔"必胜"的信念；在老母亲八十寿诞时，徐申如与兄长徐蓉初齐力将来自母亲寿诞的礼金贡献在西寺后山麓，创办了设有棉织、藤竹两科的贫民习艺所，为失业贫民提供技能培训服务，开办之初即招收了80名学员。

要说徐申如最热衷的教育类投资，还得是在儿子徐志摩身上的

"ATM"效应。徐申如坚信"改善投资环境才能产生最大的经济效益"，在儿子的培养上也离不开这个投资理念。徐志摩三岁时，就被父亲送到了私塾，虽然不同于现在幼儿园的多才多艺培养方略，但"一对一"式高昂的人力资本输出，也不是那个时期所有"富爸爸"的选择，多年之后的事实证明，徐申如对儿子教育上的大手笔投资最终取得了巨大的成功。为了让儿子能写一手好字，将来在上层社会也能出手"阔绰"（在没有打印，也不盛行复印的年代，写一手好字如同拥有一副好皮囊般受人羡慕），徐申如将儿子送到"末代总理"、书法家郑孝胥①门下；为了儿子的前途无阻，不惜花1000大洋致敬，让徐志摩投于梁启超门下；从北大预科班攻读法科到美国克拉克大学主修历史学，从哥伦比亚大学的兼修经济学与文学到伦敦政治经济学院，再到剑桥大学，徐申如对儿子的求学之路可谓鼎力支持。要不是后来第二任儿媳妇陆小曼的骄横跋扈、不可理喻，估计徐老爷子对儿子徐志摩会一直充当一个称职的"ATM机"的。

在那个动荡不安的年代，徐申如依靠自身的学识、能力、财力，为社会、民众、家族、妻儿子孙贡献的不仅仅是金钱，还有更多的智囊彰显于富甲一方的概念里，其父如此，其子何求？

① 郑孝胥，福建福州人，清光绪八年举人，曾任伪满州国国务总理兼军政部总长、文教部总长。

潮湿的温泉，沁人心田

　　世间人对徐志摩母亲的认知并不多，在那个刚刚结束封建社会不久的时代，女子与外界的交集并不多。徐志摩的母亲钱穆英是父亲徐申如的继室，在阶级观念比较强的家族里，徐志摩的母亲地位并不高，但徐志摩是徐氏家族的长子独孙，在这样的身份作用下，徐志摩母亲还是颇受家族尊敬的。更何况，徐志摩的母亲本就贤良淑德，看好儿子也就成为她最大的分内之事。

　　小时候的徐志摩，对父亲的概念似乎始终停留在"严苛"上，相比之下，祖母及母亲的宠爱就显得特别温暖。从徐志摩在《我的祖母之死》中对祖母的依赖足以看出，徐志摩内心深处的柔软完全契合于他诗人的形象。

　　或许会有人说，徐志摩在24岁之前并没有表现出他文坛上的造诣，但是我们不得不相信，橙子的个头再大也终究是橙子，永远也不可能长成柚子。只能说徐志摩的聪明才智，足以应付得了家族商业上的

图1-2 徐志摩母亲钱穆英与徐志摩之子徐积锴合影

任意战略战术，但真正的精华却来自他骨子里那份对文字和情感的追溯、景仰、爱慕，乃至为其付出一世的情愿。

是什么样的力量给了徐志摩敢爱敢恨、敢扭转父亲为其定制好的"中国式汉密尔顿"人生的勇气？如果说这样的勇气是母亲潜移默化中根植于徐志摩幼小心灵中的，可能不会有人相信，但是母亲满满的爱，填补了小志摩童年所有的情感空白，并随着他的长大和成熟，这份爱有增无减。这份爱像一缕阳光，让徐志摩的心灵即便在寒冷的冬天也能感到温暖如春；像一泓清泉，让徐志摩的情感即使蒙上岁月的风尘仍然清澈澄净。

所以，当徐志摩遇见了林徽因时，作为有妇之夫、两个孩子（第二个儿子尚在妻子张幼仪腹中）的父亲，他依然还能对情窦初开的林徽因展开爱情的攻势，足见其对爱情大胆的追求和向往。作为一个女人，徐志摩的母亲上孝敬公婆，下照顾儿子，仿佛这就是她钱穆英一生的追求，孙儿徐积锴的出生为这位商贾之家的女人的晚年生活又带来一抹亮色。

给母亲

——徐志摩

母亲，那还只是前天，

我完全是你的，你唯一的儿；

你那时是我思想与关切的中心：

太阳在天上，你在我的心里；

每回你病了，妈妈，如其医生们说病重，

我就忍不住背着你哭，

心想这世界的末日快来了；

那时我再没有更快活的时刻，除了

和你一床睡着，我亲爱的妈妈，

枕着你的臂膀，贴近你的胸膛，

跟着你和平的呼吸放心的睡熟，

正像是一个初离奶的小孩。

但在那二十几年间

虽则那样真挚的忠心的爱，

我自己却并不知道；"爱"那个不顺口的字，

那时不在我的口边，

就这先天的一点孝心完全浸没了

我的天性与生命。

这来的变化多大呀！

这不是说，真的，我不再爱你，

妈，或是爱你不比早年，那不是实情；

只是我新近懂得了爱，

再不像原先那天真的童子的爱，

这来是成人的爱了；

我，妈的孩子，已经醒起，并且觉悟了

这古怪的生命要求；

生命，它那进口的大门是

一座不灭的烈焰！爱——

谁要领略这里面的奥妙，

谁要觉着这里面的搏动，

（在我们中间能有几个到死不留遗憾的！）

就得投身进这焰腾腾的门内去——

但是，妈，亲爱的，让我今天明白的招认

对父母的爱，孝，不是爱的全部；

那是不够的；迟早有一天，

这"爱人"化的儿子会得不自主的

移转他那思想与关切的中心，

从他骨肉的来源，

到那唯一的灵魂，

他如今发现这是上帝的旨意

应得与他自己的融合成一体——

自今以后——

不必担心，亲爱的母亲，不必愁，

你唯一的孩儿会得在情感上远着你们——

阿不，你正应得欢喜，妈妈呀！

因为他，你的儿，从今起能爱，

是的，能用双倍的力量来爱你，

他的忠心只是比先前益发的集中了；

因为他，你的孩儿，已经寻着了快乐，

身体与灵魂，

并且初次觉着这世界还是值得一住的，

他从没有这样想过，

人生也不是过分的刻薄——

他这来真的得着了他应有的名分，

因此他在感激与欢喜中竟想

赞美人生与宇宙了！

妈呀"我们俩"赤心的，联心的爱你，

真真的爱你，

像一对同胞的稚鸽在睡醒时，

爱白天的清光。

　　徐志摩的第一任妻子张幼仪与婆婆钱穆英的关系特别好，在双亲的眼里，张幼仪在经商方面的才能远远超过儿子徐志摩，能娶到这样的儿媳妇，对徐氏家族来说就是莫大的荣幸和自豪。然而当长辈的自然是了解儿子的本心的，特别是从小就将徐志摩视如珍宝的母亲，她知道儿子对儿媳的感情来得勉强，可感情的事情除了当事人之外谁又能勉强呢？

儿子与儿媳的离婚给钱穆英带来不小的打击，作为一个传统的出生于封建社会的女人，她为儿媳担忧，生怕这个刚韧的孩子不能面对离婚的局面，毕竟，这个文明的结束婚姻的方式在当时尚属首例。

1922年2月24日，张幼仪为徐家生下了第二个儿子，取名彼得，与此同时，钱穆英得到了儿子与儿媳协议离婚的消息。七年的朝夕相处，钱穆英视张幼仪如亲生女儿般疼爱，张幼仪对待徐志摩的双亲也如同亲生父母般孝顺。对儿媳的黯然离开，钱穆英和丈夫徐申如将所有的怨恨都归结到徐志摩身上。特别是儿子追求林徽因不成再迎娶陆小曼时，二老对儿子更加不满。他们甚至断了对徐志摩的一切经济援助，也不允许陆小曼踏进徐家大门一步。

1926年，徐志摩迎娶了陆小曼，同一年，张幼仪也留学归来。此时的钱穆英身体越来越不好了，或许是对儿媳张幼仪的思念，或许是被她并不认可的第二任儿媳陆小曼所气。既然张幼仪无缘继续做他们的儿媳，钱穆英与丈夫索性将张幼仪认作义女，张幼仪也理所当然地以女儿的身份继续照顾儿子的祖父祖母。

只是，这样的孙儿膝前绕的生活仅仅维持了短暂的几年光景，1931年4月，徐志摩母亲与世长辞。其实，徐志摩，包括陆小曼，他们都是希望能最后陪伴在母亲身边的，或许长辈对儿子的选择不理解也不能接受，但生活毕竟是儿子自己在经营的，他想要好好地为爱活一生。但即使母亲离世，陆小曼都不被允许进家门，这样的"侮辱"徐志摩怎能让小曼独自承受，他因为此事与老父亲大吵一架，甚至彻底反目成仇。

　　儿子的叛逆，妻子的离世，对徐申如来说是一个致命的打击，这个铁打的汉子，一个掌管着徐氏家族偌大商业帝国的掌舵者，竟在妻子的坟前号啕大哭。这哭声时时回荡在妻子的坟前，想必，这份不离不弃的爱也是钱穆英所不能放下的吧。

麒麟再世，一代诗魂就此生

传说，中国古代传统神兽麒麟能活两千年，且性格温和。凡麒麟出没处必有祥瑞，麒麟因此也被喻指才能杰出、德才兼备的人。徐志摩就曾经被一位名叫志恢的得道高僧赞誉为麒麟再世，而"徐志摩"则是此后父亲为其重新拟定的名字。

徐志摩刚刚出生的时候，父亲徐申如为其取名徐章垿，祖父徐星匏见这个虎头虎脑的臭小子和其子徐申如小时候简直一模一样，带着一份期许，给徐志摩取了小名"又申"，即又是一个小申如的意思。徐老爷子希望自己的这个长孙会像他的父亲一样，成为徐家商业帝国的实力"接班人"。

古往今来，中国一直有一个传统风俗——抓周，这是一种在小孩子周岁生日当天预卜其未来前途命运的习俗。有史记载，早在两晋南北朝时期，抓周的风俗就已经存在了。所谓的抓周，就是孩子周岁的这一天，长辈们准备出笔、墨、纸、砚、算盘、钱币、书籍等物品供孩子任意抓取，孩子第一个拿起把玩的物品即可代表孩子以后可能从事的职业类型，如孩子选取的物品是算盘，那么孩子以后可能从事的职业为商业类，如孩子抓取的是笔，则孩子的未来可能与文学相关。

《颜氏家训·风操》中记述道："江南风俗，儿生一期（即一周岁），为制新衣，盥浴装饰，男则用弓、矢、纸、笔，女则刀、尺、针、缕，并加饮食之物及珍宝服玩，置之儿前。观其发意所取，以验贪廉愚智，名之为试儿。亲表聚集，致宴享焉。"这里所描述的正是抓周的"历史清单"。到了唐宋时期，抓周这一风俗更为盛行。据说，武则天曾将皇孙都召集到大殿上，看他们嬉戏，"命取西国所贡玉环钏杯盘，列于前后，纵令争取，以观其志"。宋代吴自牧《梦粱录·育子》记述："（小儿）至来岁得周，名曰'周晬'，其家罗列锦席于中堂，烧香炳烛，顿果儿饮食，及父祖诰敕、金银七宝玩具、文房书籍、道释经卷、秤尺刀剪、升斗戥子、彩缎花朵、官楮钱陌、女工针线应用物件，并儿戏物，却置得周小儿于中座，观其先拈者何物，以为佳谶，谓之拈周试晬。其日诸亲馈送，开筵以待亲朋。"可见，抓周的热闹场面及受重视的程度不可小视。

《国朝宫史续编》记载："遇皇子周岁晬盘，例用玉陈设二事，玉扇坠二枚，金匙一件，银盒一圆，犀跰一捧，犀捧一双，弧一张，矢一枝，文房一分，晬盘一具，果筵一席，内宫殿监奏交内务府预备。"

时至今日，抓周的物品清单也有了创新性演变，如《三字经》

或字典，代表文学家；毛笔，代表书法家、文人；尺子，具有尺度的意味，代表制定法律者、规范制度者；算盘或计算器，代表商家或生意人；人民币、英镑、美元或欧元，代表富有之意，日后可成为银行家、善于储蓄的富翁或有钱人；印章，代表官位或官权，可成为做官之人；彩色笔，代表艺术家；足球、羽毛球、篮球或乒乓球，代表运动员；手机、光盘或鼠标，代表从事IT业、高科技行业、通信业的人；刀剑，代表军官、警察等。

当然，这样的风俗毫无科学道理而言，只是长辈们对新生命的一种期许和祝福，也象征着孩子们一帆风顺。

小志摩周岁这天，徐家张灯结彩好不热闹，海宁硖石首富徐申如的独子抓周礼可不是小事儿。亲朋好友、父亲的合作伙伴、远近闻名的乡绅等都来为小志摩庆生，同时，大家更为关注的还是徐家这位含着金汤匙出生的大少爷未来的命运走向。

这个时候，徐家走进来一位法号为"志恢"的和尚，据说是一位得道高僧，此番前来也是受到某种暗示而来。志恢和尚的大驾光临为整个抓周礼再次掀起一个高潮，他伸手在小志摩的手上、头上等多处进行摸骨算命。整个过程徐家大院内几乎鸦雀无声，大家都期待着这位得道高僧能算出小志摩有什么样的命数。

和尚在小志摩的头上摸了几摸之后断言：此子乃系麒麟转世，将来必成大器。此时，所有人关注的焦点就是和尚对小志摩的论断，至于此次抓周抓到的为何物也就没有人在意了。

徐家要给志恢和尚打赏，但是和尚什么也不要就走了，仿佛真的是上苍派下来转告徐家，要好好栽培这个长孙独子一般。在这之后，徐家老太爷徐星匏还请来一位算命先生为小孙子算命。算命先生说，小志摩五行缺木，为了弥补这一缺陷，应在设计名字的时候加一个带有"木"字偏旁的字，于是，小志摩的祖父和父亲，就当机立断为他取字：槱森。《诗·大雅·棫朴》中有云："芃芃棫朴，薪之槱之。"《毛诗正义》："槱，积也。"即为积木也。《说文解字·材部》："森，木多貌。"可见，"槱"和"森"意义相近，都是用来形容木之多的。"槱森"因此也就被寓为财源茂盛。祖父及父亲这对商业巨子对徐志摩的期许，看来还是希望他将来能够继承祖业，使徐氏商业帝国财源广进。只是，事与愿违，当徐志摩24岁之后，他的人生便再与"铜臭"无缘了。

此时的小志摩完整的名字为——姓：徐；名：章垿；字：槱森；乳名：又申。而徐志摩这个名字，是他赴美留学前，父亲徐申如为其改的，意思就是说，感谢当初那个叫"志恢"的和尚给他儿子"摸骨算命"，故而取名为"志摩"。

那个会讲故事的忠仆

像徐志摩生活的这样的大家庭里，家里的仆人都是一打一打的，甚至很多穷人家的孩子早早被家里卖给了大户人家，一则是为了让孩子能有口饭吃不至于饿死，二则是卖了孩子能有点"打赏"，可以解一时的燃眉之急。还有一部分家丁是分为长期、短期服务的，有点像现在人力资源中的"长期"和"临时"员工一般。

徐家上上下下的家丁中，有一个叫作家德的男丁，是陪伴了徐志摩整个童年最忠诚的一位仆人，他甚至也是构成徐志摩美好的金色童年画卷中不可或缺的浓重一笔。

家德住我们家已有十多年了，他初来的时候嘴上光光的还算是个壮夫，头上不见一茎白毛，挑着重担到车站去不觉得乏。逢着什么吃重的工作他总是说："我来!"他实在是来得的。现在可不同了。谁问他："家德，你怎么了，头发都白了?"他就回答："人总要老的，我今年五十八，头发不白几时白?"他不但发白，他上唇疏朗朗的两披八字胡也见花了。

——选自徐志摩《家德》

家德是在一个与徐家较为熟悉的乡绅引荐下来到徐家做长工的，与其说是长工，还不如说是自愿到徐家当免费忠仆的，家德就是只干活，不要工钱，徐家提供食宿即可。有时候，家人们顺手打赏给他的钱，他也不要，他坚持认为自己只要吃住，给他钱没用！

但有的时候，别人家请家德去帮忙给的赏钱，他还是会欣然接受的，在他看来，他早就把自己当成徐家的一个成员，自家是自家，干活是本分，没有收赏钱的必要，可帮别人就不能白忙活。

在小志摩的记忆里，家德时常会被他人"邀请"去帮忙，因为家德有一个别人不擅长的绝活——唱"赞神歌"。"赞神歌"又称神歌，是吴歌的重要一脉，只要有人家请了神许了愿的，都得有人来唱一段"赞神歌"。家德的唱功自然是极好的，要不然也不会这样抢手，谁家唱都得找他。

徐志摩小的时候就特别爱看"请神"，也特别喜欢听家德唱的"赞神歌"。奎星、纯阳祖师、关帝、骊山老母……这些神灵从家德口中唱出来就显得特别有趣。小孩子最爱热闹了，也只有请神的时候，才能大义凛然地"借口"不用早早回房睡觉。徐志摩的童年记忆里，家德的"赞神歌"歌词中有三个字——浪溜圆，这三个字的唱音流入徐志摩的耳朵里、心房上，如同母亲和祖母唱的摇篮曲一般让人心情愉悦，不由自主地闭上眼睛。待到醒来的时候，那种美妙的感觉依然在心头回荡。

　　家德的才艺可不只唱"赞神歌"，种植花草、蔬菜，讲故事，念经……都算得上是家德擅长的才艺。家德深深爱着他所做的一切工作，比如种花种菜，他能够深入了解每一种植物的属性和特点：梅花有单瓣双瓣，兰有荤心素心，山茶有家有野，这些简单但在小志摩儿时听来有趣的知识，都出自家德之口。

　　除了在祖母和母亲身边撒娇，幼年时期的徐志摩还喜欢缠着忠仆家德给自己讲故事。说来也奇怪，家德脑子里面有趣的故事特别多，尤其是跟私塾里面老师刻板的语言和晦涩难懂的文字相比，家德的故事更简单易懂、更有吸引力。家德也不吝啬自己心中的故事，他总是变着法地给孩子们讲，同样的故事不同的时间讲，表现出来的情节也一定有所创新，还能以典故和意义为核心，给小孩子们以鼓励。这么说来，家德的学识似乎并不比学校的老师差很多。不知道是不是家德的这份自然得不能再自然的优秀，让徐志摩很小的时候就开始喜欢上了文学？但可以肯定的是，家德的故事陪伴了徐志摩很多无聊的夜，填满了孩童时期无数个空旷的思维空隙。

　　据说，家德在来到徐家之前，曾经在一个学校里工作过，他不是老师，可能只是做些普通的教务工作，也或者是内勤类的，这些过往，家德从未谈及。他总是恪尽职守地做好当下的自己，不为过去的成绩沾沾自喜、妄自尊大，也不会因为此时此刻的平庸而懊恼和不振，仿佛徐家给予他的一切都是上苍眷顾的祝福般清晰、明朗。

所以，家德在徐家的每一天，做的每一件事情都特别认真对待，每一次都仿佛是首次接触一样充满着热忱与激情。家德也从来不会逃避自己的工作内容，甚至在忙完了自己的工作后还会主动帮助他人完成部分工作，偶尔看到别人不解之时，他还会将自己所理解的或同样经历过的感受与其分享。徐志摩和他的小伙伴们都坚信，家德一定当过教书先生，要不然，为什么他的故事最动听，他讲故事的方法和技巧甚至比私塾里的先生都耐人寻味呢？

对此，家德解释说，他或许是读过一些书的，但是他读的书和小志摩在私塾里听先生讲的书不同，他会的都是各种"经"。据徐志摩回忆，家德可娴熟地背诵《心经》到《金刚经》的全部内容，如果这还不算是学识丰富的话，那么至少可以肯定，家德的聪明才智可能被埋没了。这么优秀的一个男人，他为什么选择在徐家当免费的长工，难道他没有家人吗？

家德早年成家了，家中有老母亲和妻子，还有一个傻孩子。妻子一共给家德生了三个孩子，但不知怎么只留下了一个傻乎乎的孩子，另两个聪明健康的都夭折了。或许是这份失职，使家德彻底对妻子失去了唯一的那一点点亲情，在家德的概念里，家人便只有母亲一人而已。

家德对经书方面的造诣，来自他早些年与"经"之间的渊源。有一次家德生病了，他以为自己的生命即将终结，所以很遗憾地"埋怨"自己，没能在有生之年多读读经书，如果就这样离开了，他是死不瞑目的。

"就可惜这一生一世没有念过佛，吃过斋，想来只可等待来世的了。"说完这话他又闭上了眼仿佛是隐隐念着佛。事后他自以为这一句话救了他的命，因为他竟然又好起了。从此起他就吃上了净素，开始念经，现在他早晚都得做他的功课。

或许是家德的自责感动了上苍，也或许是家德对经书的执着让上苍不忍心过早剥夺他的生命，总之，在家德"许愿"之后不久，他的病痛就渐渐溜走了。自此，家德始终认为，当初的痊愈都是佛祖显灵和保佑，他只有努力读经才能报答这份恩情，越努力就读得越熟，读得越熟就背得越扎实。也正是这份对经书的渴望与追求，让家德所做的每一件事、讲过的每一个故事都变得那么动人心弦，即便徐志摩长大成人离开家乡到异国求学时，每每想到家人，必然也会想到家德和他动听的故事。

贰

塾之源，师恩天大

在阴迷的时刻大放热性

和21世纪的孩童一样，徐志摩三岁的时候就被送去了"幼儿园"，而且还是那种"一对一"的贵族式教学，只不过，当时的这个"幼儿园"可没有现在的幼教那么丰富有趣，而是由一位古板得不能再古板的老爷子给人传授知识。对于当时的小志摩来说，当时晦涩的文言文堪称"外语"教学了。

当然，并不是所有的孩子都能享受到徐志摩那样的"一对一"式教学，当时的教育体制虽说已经在改革中，也不再有科举制度，但私塾还是家长为子女选择受教育的主要方式。徐申如是何许人也，富甲一方的硖石"首富"，徐家大院里就有自己的家塾。作为家族里的长孙独子，徐志摩自然是享受最优越的受教育模式了。

在三岁的徐志摩幼小的心里，他是排斥那种古板的教学方式的，但他生长在民国，尚处于半封建社会，"服从"长辈是那个时期每一个孩子不可多得的优良品德。特别是大户人家的长者，如同我们现在社会的成功企业家，抑或是职能部门的国家干部一样德高望重。徐志摩的第一位恩师名曰孙荫轩，徐志摩自小聪明超群，深得这首位恩师的喜爱。他平日里教学虽然刻板，但私下却对这个幼小的孩子倾爱有加，授予其的知识结构也远比其他孩子复杂些，因为这位老师断定，徐志摩必将行程远大。

第二年，徐志摩师从查桐荪，这又是一位古板的老头儿，不过，此时的徐志摩已经四岁了，经过了一年的"幼儿园生涯"，他现在应该处于"幼儿园大班"阶段，心智相比初入家塾时成熟了一些。他也能够渐渐理解古文中的晦涩的释义，甚至能够举一反三。加之查桐荪老先生的古文功底相当深厚，徐志摩自幼打下的坚实的古文功底便是这位老先生的首功。查桐荪老先生是一位视内在学识为财宝，视外在华彩为粪土的"老古董"。多年之后，徐志摩在他的作品《再谈管孩子》中这样描述老师查桐荪：

> 我小时候的受业师父袁花查桐荪先生，因为他出世时父母怕孩子遭凉没有给洗澡，他就带了这不洗澡习惯到棺材里去——从生到死五十几年一次都没有洗过身体！他也不刷牙，不洗头，很少擦脸。

这些，或许就是我们能够有限地查找到的有关查桐荪先生的另类介绍了。

其实，童年时期的徐志摩就已经显露出文学潜质了，他那种对大自然的喜爱与广阔的空间畅想，渐渐地勾勒出一个小小文坛新秀的模样。童年私塾生活的枯燥是可想而知的，当更多孩童都在抱怨先生的古板、古文的晦涩时，小志摩却在另一个学海里畅游着。多年之后，徐志摩在其精品散文《雨后虹》中这样描述：

> 白天不论天热得连气都转不过来，可怜的"读书官官"们还是照常临帖习字，高喊着"黄鸟黄鸟""不亦说乎"；虽则手里一把大蒲扇不住地扇动，满须满腋的汗，依旧蒸炉似透发，先生亦还是照常抽他的大烟，哼他的"清平乐府"。

童年的私塾是了无生趣的，特别是夏季的炎热浮躁了孩子们的童趣，每每此时，小志摩都会对倾盆大雨寄予厚望。在小志摩的记忆里，每当暴雨将至，家塾对面的白墙上渐行渐弱的太阳影像携带着花园里小鱼缸的静默一并消失得无影无踪时，仿佛为即将到来的顷刻暴雨腾出硕大的宣泄空间。

> 书房里的光线也渐渐减淡，直到先生塌上那只烟灯，原来只像一磷鬼火，大放光明，满屋子里的书桌，墙上的字画，天花板上挂的方玻璃灯，都像变了形，怪可怕的！
> 突然，一股尖劲的凉风，穿透了重闷的空气，从窗外吹进房来，吹得我们毛骨悚然，满身腻烦的汗几乎结冰，这感觉又痛快又难过；但我们那时的注意却不在身体上，而在这凶兆所预告的大变，我们新学体的什么：洪水泛

滥、混沌、天翻地覆、皇天震怒，等等字句，立刻在我们小脑子的内库里跳了出来，益发引起孩子们只望烟头起的本性。我们在这阴迷的时刻，往往相顾悍然，热性放开，大噪狂读，身子也狂摇得连坐椅都碟格作响。

同时，沈闷的雷声已经在屋顶发作。再过几分钟，只听得庭心里石板上劈拍有声，仿佛马蹄在那里踢踏；重复停了，又是一小阵沥淅；如此作了几次阵势。临了紧接着坍天破地的一个或是几个霹雳——我们孩子早把耳朵堵住——扁豆大的雨块就狠命狂倒下来。屋溜，屋檐，屋顶，墙角里的碎碗破铁罐一齐同情地反响……闪电像蛇似钻入室内，连先生肮脏的炕床都照得铄亮；有时，外面厅梁上住家的燕子也进我们书房来避难，东扑西投，情形又可怜又可笑。

求学欲望洗礼了少年

伴着童年的记忆，徐志摩渐渐长大，1907年，10岁的徐志摩结束了七年的家塾生活，踏入硖石开智学堂的大门，这是当地第一所洋学堂，开设的新式教学课程包括国语、数学、英语、音乐、体育及自修课程等。这样的先进学习方式深受徐志摩这样的学子喜爱，徐志摩也不负众望，各个学科的成绩均名列前茅，特别是国语课程成绩最佳，而徐志摩的国语老师正是张仲梧。

夫禄山甫叛，而河北二十四郡，望风瓦解，其势不可谓不盛，其锋不可谓不锐。乘胜渡河，鼓行而西，岂有以壮健勇猛之师，骤变而为羸弱顽疲之卒哉？其匿精锐以示弱，是冒顿饵汉高之奸谋也。若以为可败而轻之，适足以中其计耳，其不丧师辱国者鲜矣！

这节选自一篇徐志摩创作于少年时代的议论文章《论哥舒翰潼关之败》，据说，当时这篇文章深得张仲梧老师的赞许，并当作范文在课堂上宣读。父亲徐申如虽是一介商客，但大家族沿袭下来的优秀教育让这位为父者为儿子深深感叹，甚至兴奋不已。随后，徐申如将儿子创作的《论哥舒翰潼关之败》带到镇上宜园茶楼传阅。于是，徐家有个神童儿子的说法，渐渐传扬开来。

两年多的洋学堂学习生涯伴着徐志摩的"文坛巨子初长成"很快结束了，1910年春，徐志摩以优异学习成绩从开智学堂顺利毕业了，在表叔沈钧儒的引荐下，来到杭州最好的中学——杭州府中学堂，也就是后来的浙江一中。在这所重点学府里，徐志摩的各科成绩持续名列前茅。很难想象，一个富二代，能够摒弃父辈的光环，凭借自己的勤奋努力，赢得世人的掌声，真的很难能可贵。看看我们现在社会上的官二代、富二代们，恐怕有这样勤奋精神的寥寥无几，让人们不禁感叹：是时势造就了英雄，还是英雄推动了时势？

徐志摩的同窗好友，也是著名文学家的郁达夫曾回忆说："而尤其使我惊异的，是那个头大尾巴小，戴着金边近视眼镜的顽皮小孩，平时那样的不用功，那样的爱看小说——他平时拿在手里的总是一卷有光纸上印着石印细字的小本子——而考起来或作起文来却总是分数得得最多的一个。"这里所说的"头大尾巴小的顽皮小孩"就是徐志摩。

徐志摩与郁达夫如同"一奶同胞的兄弟"，又像是"一个人是另一个人的镜子"，两个十几岁的少年，对文字有着同样的热忱，对感情有着相似的期许，就连一生的感情之路也颇为相似。仿佛没有任何隔阂般，他们时常在课下共同讨论文学艺术相关话题，或许正是这样的"交心"习惯，成就了两位文学界的传奇少年。一次，二人在温习古诗词的时候，徐志摩对郁达夫说："这些旧诗词，我在书塾时也学过，总感到受的限制太大，写不好。我现在对小说产生了浓烈兴趣，什么社会小说、警世小说、探险小说、滑稽小说，我都读，读得简直着了迷。"

之后不久的1911年，标志着中国彻底结束封建社会的辛亥革命爆发了，这场革命的浪潮也波及了在杭州的徐志摩的学习和生活。徐志摩的思想受到了前所未有的洗礼，革命的硝烟及战火中的"硫氧化物""氮氧化物""碳氧化物"扑面而来。特别是当徐志摩读过了梁启超的《论小说与群治之关系》后，他热情高涨，澎湃激昂，意兴大发，奋笔疾书了一篇《论小说与社会之关系》，并在校刊上发表，自此，在内在的思想上开始了与梁启超的高度共鸣。

于杭州府中学堂毕业后，徐志摩在父亲徐申如的资助下来到北京求学，顺利进入北京大学预科班。读书期间，徐志摩经常在亲族蒋百里（姑父的堂弟）的家里与其一起高谈阔论，研讨国事、诗文、乡情等。谈着谈着，二人谈出了忘年交。当时已经成为著名军事学家的蒋百里同时还是梁启超的高徒，梁启超又是徐志摩的"偶像"，这使二人之间的交情更加深厚。在蒋百里的引荐下，在老父徐申如的慷慨赞助下，徐志摩最终成为梁启超的门下弟子，圆了少年英才的"偶像梦"。

得之我幸，失之我命

世人评价说，徐志摩一生的辉煌离不开他父亲在经济上的鼎力支持，离不开数位知音花儿一样的美好情感，离不开与其同样深扎文丛的朋友，更离不开一代宗师梁启超与其的师徒情谊。只不过，这份师徒情谊来得销魂，去得噬魂。

徐志摩对梁启超的膜拜可追溯到中学时代，那是任何孩子都会经历的一个不可避免的叛逆期，徐志摩对梁启超在辛亥革命时期的进步思想热衷到难以自拔的程度。从其在校刊上发表的文章《论小说与社会之关系》可看出，当时的徐志摩自写作文风至思维模式都开始趋同于梁启超的《论小说与群治之关系》，可见尊重、认同与敬仰之情。

1918年，在莫逆之交蒋百里的引荐下，徐志摩得以见到梁启超，而梁启超初见徐志摩，就被其眉宇间流露出的青年英才的气质与聪颖所震撼，一口答应将其归于门下。当然这份"机缘巧合"的见面也有徐志摩二舅哥张君劢的一份功劳，早在1915年，徐志摩便与张君劢之妹张幼仪完婚，张君劢与蒋百里同是梁启超的高徒。其实，这样细算下来，梁启超的每一个弟子都是叱咤风云的人物，当然，也包括徐志摩。徐志摩的表弟陈从周在其整理出的《徐志摩年谱》中，对于徐志摩拜师梁启超这段有这样的真实记载："当时由志摩父出贽金银元一千元，是一笔相当大的礼金。"从中不仅能看出徐申如对儿子师从梁启超的绝对赞同，也彰显出了一名成功的商人，懂得如何赚钱是根本，擅于花钱是技巧。

梁启超真不愧是一代宗师，他对门生的用心良苦绝不亚于他在人类历史上所留下的精神财富之宝贵。自梁启超收了新弟子徐志摩之后就一直没闲着，开始对徐志摩的前途未雨绸缪。20世纪20年代初期，正值国人留学欧美狂潮，梁启超建议徐志摩也能加入留学生的列队中，开拓视野，学习西方先进文化，以立身报国。徐志摩对恩师的前瞻性建议非常认同，特别是与父亲徐申如沟通之后，更是得到了老父亲的鼎力支持，最终决定自费赴美留学。出国之前，梁启超对爱徒好一番鼓励，徐志摩为回报恩师的钟爱回信表示："首涂之日，奉握金海，片语提撕，皆旷可发蒙。"

1922年秋，徐志摩学成归来，第一件事是回乡拜见双亲，次之便是赶赴北京与恩师梁启超会面。梁启超对徐志摩从内而外显露出来的学识与谈吐的长进十分满意，并于12月为徐志摩在北京松坡图书馆谋得一份英文秘书的公职。1924年，梁启超邀请到亚洲首位诺贝尔文学奖获得者——印度诗哲泰戈尔来华讲学，并极力推荐爱徒徐志摩担当泰戈尔的随行翻译。自此，梁启超为爱徒徐志摩铺设的成长之路畅通无阻，整个文学界都认识了这位风度翩翩、英文一流的好青年。这次担任泰戈尔随行翻译，让徐志摩摇身变成一位教授级人物。1924年秋冬季时，北京大学聘任徐志摩为该校英美文学教授。

徐志摩的"争气"使恩师欢喜，梁启超以八尺宣纸为本，以一首宋词为墨，书写了一副对联赠给徐志摩：

> 临流可奈清癯，
>
> 第四桥边，
>
> 呼棹过环碧；
>
> 此意平生飞动，
>
> 海棠影下，
>
> 吹笛到天明。

这副对联记述了徐志摩陪同泰戈尔畅游杭州西湖，又陪泰戈尔到北京名刹法源寺赏花作诗之事。一副对联充分烘托出梁启超对徐志摩才情智慧的大喜，他曾在自己所著的《饮冰室诗话·附录》中说："我所集最得意的是赠徐志摩一联。"这份天之骄子的殊荣甚至令胡适"忌妒"地说："徐志摩是梁任公先生最爱护的学生。"

然而，梁启超所爱的是徐志摩的才情与智慧，对于徐志摩个人感情方面，梁启超可谓极度憎恶，这甚至成为师徒二人不和的主要因素。

1922年，徐志摩远在英国期间，就提出与发妻张幼仪离婚，理由就是，二人的婚姻纯属双方家长包办，非二人所愿，他与张幼仪之间根本没有爱情等等。对于丈夫的"指控"，张幼仪选择了沉默与妥协，或许这个贤惠聪颖的女人知道，这样一个男人留在身边也是无用的。其实，我们都十分清楚，徐志摩是在遇见了林徽因之后，才动了离婚的心思的。倘若真的像徐志摩说的那样，他与张幼仪一点儿感情都没有，那么又怎么会有了两个孩子（长子已四岁，次子尚在腹中）呢？但不管怎样，至少可以确定的是，此时的徐志摩已经不爱张幼仪了，他心里的那个她是谁，我想大家也都清楚，就是那个徐志摩到死也没能拥有的林徽因。

梁启超对于爱徒情感上的喜新厌旧非常不满，挥笔书信一封：

其一，万不容以他人之苦痛，易自己之快乐。弟之此举，其于弟将来之快乐能得与否，殆茫如捕风，然先已予多数人以无量之苦痛。

其二，恋爱神圣为今之少年所乐道。……兹事盖可遇而不可求。……况多情多感之人，其幻想起落鹘突，而得满足得宁帖也极难。所梦想之神圣境界恐终不可得，徒以烦恼终其身已耳。

呜呼志摩！天下岂有圆满之宇宙？……当知吾侪以不求圆满为生活态度，斯可以领略生活之妙味矣。……若沉迷于不可必得之梦境，挫折数次，生意尽矣，郁悒佗傺以死，死为无名。死犹可也，最可畏者，不死不生而堕落至不复能自拔。呜呼志摩，可无惧耶！

可无惧耶！

言辞犀利的梁启超此举并不唐突，在尚存余封建思想的当时，人们可以接受男人有三妻四妾，也可以接受休妻，但是还没有一例严格意义上的"协议离婚"，更何况"无爱"在当时并不是一个合理的离婚理由。

对于梁启超的劝诫，徐志摩仿佛并不领情，回信一封以表自己的初衷和坚定的决心：

> 我之甘冒世之不韪，竭全力以斗者，非特求免凶惨之苦痛，实求良心之安顿，求人格之确立，求灵魂之救度耳。
>
> 人谁不求庸德？人谁不安现成？人谁不畏艰险？然且有突围而出者，夫岂得已而然哉？
>
> 我将于茫茫人海中访我唯一灵魂之伴侣；得之，我幸；不得，我命，如此而已。
>
> 嗟夫吾师！我当奋我灵魂之精髓，以凝成一理想之明珠，涵之以热满之心血，朗照我深奥之灵府。而庸俗忌之嫉之，辄欲麻木其灵魂，捣碎其理想，杀灭其希望，污毁其纯洁！我之不流入堕落，流入庸懦，流入卑污，其几亦微矣！

可见，徐志摩对恩师梁启超的劝诫是一句没采纳！那种"不用你们担心，后果我一人承担"的大义凛然油然而生。只是，我们的才子忽略了，感情之事岂是他一人可以决定的，他挥一挥衣袖，不带走一片云彩，可张幼仪失去的是丈夫，是孩子的父亲，是那个时代的女子一生唯一的寄托。

徐志摩最终还是与张幼仪完成了中国近现代历史上第一例协议离婚，但他也没能追求到林徽因，抢走他挚爱的居然是梁启超的儿子梁思成。我想，到此时此刻，梁启超与徐志摩师徒之间的情谊怕是生分了吧。

1924年，徐志摩爱上了有夫之妇陆小曼，硬生生地从好友兼同门师兄弟王赓手里抢走了其妻陆小曼。此举令梁启超颇为震撼，他很难相信这样的事情居然出在最爱的学生徐志摩身上，而且还接二连三地发生。自然，梁启超是不认同这样的事情的，更别说给徐志摩和陆小曼证婚了。但迫于胡适出面强烈邀请，梁启超不得已为二人证婚。只是，这样的证婚让梁启超为之羞愧。

1926年10月3日，徐志摩与陆小曼的第二次婚姻在北京北海公园举行，证婚人梁启超徐步走上主席台，开口便语出惊人：

> 志摩、小曼，你们两个都是过来人，我在这里提一个希望，希望你们万勿再做一次过来人。婚姻是人生的大事，万万不可视作儿戏。现时青年，口口声声标榜爱情，试问，爱情又是何物？这在未婚男女之间犹有可说，而有室之人，有夫之妇，侈谈爱情，便是逾矩了。试问你们为了自身的所谓幸福，弃了前夫前妻，何曾为他们的幸福着想？
>
> 古圣有言：己所不欲，勿施于人。此话当不属封建思想吧，建筑在他人痛苦之上的幸福，有什么荣耀，有什么光彩？

　　徐志摩，你这个人性情浮躁，所以在学问方面没有成就；你这个人用情不专，以至于离婚再娶。小曼！你要认真做人，你要尽妇道之职。你今后不可以妨害徐志摩的事业……你们两人都是过来人，离过婚重新结婚，都是用情不专。以后要痛自悔悟，重新做人！愿你们这是最后一次结婚！

　　这番言辞不仅令在场的所有亲朋好友震惊，同样震惊的还有徐志摩和陆小曼。尽管大家都对二人的背景熟悉得不能再熟悉，但在众目睽睽下遭这么一通数落，小夫妻怕是也难以承受，场面可想有多么尴尬。

　　事后，梁启超感叹："我平生演讲无数次，唯有这一次最为特别。" 而徐志摩则说："我听了先生多少次课、谈话，唯独这次铭心刻骨。"

　　1928年，梁启超身体状况急剧下降，于1929年1月19日不幸逝世，徐志摩与梁启超的师徒名分彻底终结。但徐志摩对恩师的敬仰却始终盘踞在内心深处，也没有对老师的另类证婚词有所痛恨，反而竭尽全力出版梁启超的遗稿，宣扬他的学问和人格。评价他们师徒之间的感情，可谓师对徒：爱之深，责之切；徒对师：吾爱吾师，吾更爱真理。

此生，无缘相见

　　美国的留学生活对于徐志摩来说并不那么美好，他渐渐厌倦了那里的乌烟瘴气。作为一个文艺青年，徐志摩太需要一个清静的空间来创作了，如果能再搭配几个志同道合的文人朋友那将是另一件幸福的事情。

　　如果说，当初赴美留学携带的是一腔成为"中国汉密尔顿"的热忱，那么，在美国的喧嚣中寻觅一处幽静的世外桃源就是徐志摩梦寐以求的情愫。是的，徐志摩发现，经济和金融这些数字游戏远不及文学创作来得有趣。是继续圆汉密尔顿梦，还是走自己无比热爱的文学道路，一时之间徐志摩纠结不已。恰在此时，来自英国伦敦的哲学家的召唤，牵引着徐志摩的心，最终，让徐志摩甘愿放弃在美国哥伦比亚大学攻读博士学位的计划，毅然赶赴英国，只为"想跟这位20世纪的伏尔泰——罗素，认真念一点书去"。

　　罗素的祖父约翰·罗素伯爵曾两度出任首相，他的父亲是一位英国辉格党的激进自由主义者，他的祖母是一位坚守道德、藐视习俗的女性。罗素四岁时不幸失去双亲后，便由祖母抚养长大。从小，罗素便在"不可随众行恶"的座右铭下长大，因此，也培养了他坚持自己主观选择的超群能力。待长大成人后，他在自己未来该从事哲学抑或经济时，能够毅然决然地选择前者；在家人极力反对之下，还能够矢志不渝地与年长自己五岁的美国姑娘结婚……罗素这种为了自己的信念可以不顾世俗偏见的个性同样深深地影响着年轻的徐志摩。在继续在美国哥伦比亚大学读经济学博士与赴英国圆自己文学梦的纠结中，徐志摩最终选择了他人难以理解的后者。在徐志摩的世界里，罗素的思想就是"夏日黄昏时穿透海上乌云的金色光芒——冷静、锐利、千变万化"。

然而，梦想是美好的，现实是惨不忍睹的。徐志摩坚定地选择弃美赴英，只为成为罗素的入门弟子。可是，当他到达英国后，罗素却离开了伦敦，据说是应梁启超之邀请，到中国讲学去了。很遗憾，徐志摩与精神世界里的导师阴差阳错地错过。正如那句流传已久的话所说的一般："佛曰，前世五百次回眸，才换来今生的擦肩而过。"总之，徐志摩没能见到罗素，而罗素也因为在战争时期过于主张和平而被剑桥除名了。当时，他就已经周游世界去了，或许梁启超之邀也只是大哲学家罗素未来世界的一点红罢了。或许，徐志摩与罗素今生注定无缘相见。几年之后，徐志摩的英年早逝，坐实了他与罗素在伦敦的错过正是此生未曾的再见。

徐志摩与罗素的面缘虽无，但罗素带给徐志摩的精神洗礼却是终生的。作为欣赏徐志摩文采的读者们也应该感谢罗素，因为，正是徐志摩对罗素的追寻，才最终成就了徐志摩在剑桥，乃至余生的文学巨著创作历程。

徐志摩对罗素的情结颇深，抑或可以理解为罗素的精神造就了文学巨匠徐志摩。徐志摩在离世之前一直十分关注评价罗素的著述，并翻译了罗素撰文的《教育里的自由——反抗机械主义》，介绍了罗素的著作《论教育，特别是幼儿教育》，甚至还自己撰文《罗素游俄记书后》、《罗素与中国——读罗素著<中国问题>》（完成于1922年11月17日，发表在1922年12月3日的《晨报副刊》上），来抒发自己对罗素的情感和精神上的高度认同。

此时徐志摩的文风大改从前，如果说，刚出国门时，徐志摩的文风还是"梁启超式"，那么在被罗素的思想影响后，特别是在剑桥经历了与林徽因那段旷世奇缘后，徐志摩的文学造诣俨然进入了另一个世界：自然、幽默、明快、利索……一切压抑天性的思想都不曾在徐志摩的诗句中有丝毫的流露。

1923年底，徐志摩读罗素的《余闲与机械主义》有感而作《罗素又来说话了》一文，对罗素认为的"西方国家的生活方式因工业文明和激烈竞争导致过于紧张，相比之下中国的生活却显得尤为的余闲"的观点颇为认同，并在自己的读后感中总结："归根的说，现有的工业主义、机械主义、竞争制度，与这些现象所造成的迷信心理与习惯，都是我们理想社会的仇敌、合理的人生的障碍。"二者的观点现在看来虽有些局限性，但在当时的时代背景下却是十分有益的见地。

不过，徐志摩对罗素的很多思想也不是百分之百认同，徐志摩所肯定的是罗素在中西文化交流中的重要作用，以及对身为中国文化和历史的"同道中人"的情谊。但与此同时，徐志摩也表示出，罗素对中国的了解尚有很大提升空间，对于孔、孟、老、庄等乐于自然的宏大气概还有待进一步研究。

举世扰扰众人醉，先生独似青山雪

徐志摩在英国读书期间，从一位精神导师的世界汲取了大量精神食粮，可以说，这位精神导师的存在，让徐志摩仿佛重生般得到人生的洗礼，徐志摩甚至尊称其为"英国的梁启超"，这个人就是狄更生，一个与徐志摩仅在相识的第一面就彼此有相见恨晚之遗憾的忘年之交。

众所周知，徐志摩弃美赴英为的是师从罗素，但与罗素的失之交臂却没有阻挠徐志摩留在伦敦实现梦想的决心。用徐志摩自己的话说就是，他在伦敦"混"了半年。功夫不负有心人，半年后徐志摩遇见了林徽因父女，这不仅让他初尝爱情的滋味，林徽因的父亲林长民还为他引荐了高尔斯华绥·狄更生，一位同样影响着徐志摩文学创作思想的精神导师。

狄更生是剑桥大学国王学院的一名教授，主讲政治学和国际关系，他的另一个身份是声名显赫的英国大作家。20世纪英国著名作家爱德华·摩根·福斯特曾评价狄更生"慷慨无私、聪敏、风趣、动人，满有振奋人心的活力"，"他所关心的是爱和真，他所希望的是人心向善"。

狄更生毫无种族偏见观念，对中国文化充满强烈的热爱之情，这种热爱绝不亚于任何一位中国人。正是由于怀揣着这份热情和爱，当初见徐志摩之时，狄更生瞬间被他周身彰显出的文学底蕴吸引了。或许，我们不能说徐志摩是"可爱"的，但狄更生对东方文化的热爱却是显而易见的。特别是徐志摩这样年轻、聪颖、进步、对文学充满激情的年轻人，自然深深吸引着狄更生这样忘我的诗人了。狄更生比徐志摩大了整整35岁，但他们的相知相识，却从未因为年龄而产生隔阂，反而双方都觉得相见恨晚。

自此之后，徐志摩时常跑到狄更生的住所，与大诗人畅谈人生，阔论理想，把玩文字，抒发诗情。这样的喝茶与聊天的惬意滋养了徐志摩文学创作的萌芽，也让狄更生看到了这位来自中国的"忘年交"未来不可限量的文坛潜力。于是，狄更生"做媒"，引荐徐志摩进入英国剑桥大学国王学院，使徐志摩成为一个可以随意选课的"特别"留学生。也正是狄更生的引荐，徐志摩有幸领略剑桥的人文之美，在大自然的感召下，创作出篇篇可歌可叹的诗歌与散文。

与剑桥的那段过往，恰是徐志摩一生最宝贵的一段时光，无论感情抑或事业，剑桥给予徐志摩的都是无法计量的财富。所以，徐志摩最感激的忘年交就是狄更生了，正因为狄更生的帮助，"我才有机会接近真正的康桥生活，同时我也慢慢的'发见'了康桥。我不曾知道过更大的愉快”。徐志摩回忆说。

赠狄更生

举世扰扰众人醉，先生独似青山雪；

高山雪，青且洁，我来西欧熟无睹，

惟见君家心神折。

嗟嗟中华古文明，时埃垢积光焰绝，

安得热心赤血老复童，照耀寰宇使君悦！

——西游得识狄更生先生，每自欣慰。草成芜

句，聊志鸿泥。

徐志摩　十年十一月剑桥

从徐志摩赠狄更生的诗句中不难看出，这位年轻的诗人对自然之美所萌生的热情影响的不仅仅是那个时代的文学界，更是中国历史中不可磨灭掉的辉煌。徐志摩的一生过于短暂，我们相信，倘若没有那场飞机失事，徐志摩留给世人的将是更多的文学巨著。

剑桥带给徐志摩的除了诗意，还有失忆。当林徽因断然离他而去时，他辗转进入到与陆小曼的情感纠葛中，社会对当时的徐志摩和陆小曼的评价自然是众说纷纭的，其中，褒少贬多，此时的“忘年交”狄更生自告奋勇，当起了徐志摩与陆小曼的信使。在徐志摩备受非议的时期里，正是狄更生这位亦师亦友的“忘年交”，使徐志摩的学业、个人情感、文学造诣等诸多方面都充斥了一份关怀和温暖。徐志摩对狄更生的评价我们姑且不过多分析，相信，仅从一

个尊称上就能看出，徐志摩对狄更生的感情有多重。徐志摩一直将狄更生视为"英国的梁启超"。

在狄更生的引领下，徐志摩不仅在诗歌创作上更上一层楼，还认识了英国大艺术家罗杰·弗莱，并与其成为一生的挚友。在1922年徐志摩从伦敦回到中国之后写的一封书信中，他深情地对罗杰·弗莱写道："将来有一天我会回念这一段时光，并会忆想到自己有幸结交了像狄更生先生和您这样伟大的人物，也接受了启迪性的影响；那时候，我不知道自己是否会动情下泪。"

可以说，徐志摩认识了一个狄更生，等于认识了整个英国的文学圈，当然，这圈中囊括了哈代。

不沉迷幻想，不茫然未来

是的，徐志摩见哈代，中间人正是狄更生。

徐志摩是那种登高且望远的智慧青年，他来到美国、英国，包括后来去日本的一段经历，都不是单纯地出行或游玩，而是带着某种意愿和目的前行的，正如我们每一个有着理想等待实现的人，如不采取行动，理想终将远远立在远方。但是，徐志摩却是另一种，有梦想，有远方，更有行动的人，所以，他的成功是迅速的，显而易见的。

徐志摩坦诚，从不刻意隐藏自己的情感，从他对张幼仪的决断，对林徽因的忘我，对陆小曼的执着，以及对更高自己一层的大家的持之以恒的崇拜上即可看出。他在自己的一篇文章中说过这样一句话："我不讳我的'英雄崇拜'。"从印度诗人泰戈尔，到法国作家罗曼·罗兰，从意大利诗人邓南遮到英国文学家狄更生和哈代，徐志摩对他们的追随从未规避过世人的眼光与评价。是什么样的强大包裹着年轻的徐志摩，又是什么样的坚定捍卫着他对文学创作的矢志不渝？对此，徐志摩表示："山，我们爱蹭高的；人，我们为什么不愿意接近大的？"

拥有这样知晓大的智慧的人不是很多，徐志摩算一个了。徐志摩不仅虔诚地崇拜着心目中的英雄人物，还大量翻译他们的巨著，从中汲取精华，丰满自己的羽翼。正是这样大无畏的精神，带给了徐志摩一次与偶像哈代会面的机会。

这还要感谢狄更生，他书信一封给哈代，将徐志摩介绍给哈代认识，告诉哈代，徐志摩是他见过的最优秀的中国文学青年，同时，徐志摩还是哈代的忠实"粉丝"，翻译了多部哈代的文学作品，将哈代的文学造诣以中文的形式带回了东方那一方热土。哈代与狄更生一样，都是热爱文学、志同道合之人，这种热爱没有国界与年龄的界限，一切以文会友。

1926年的盛夏，一天，徐志摩带着狄更生的"介绍信"以及内心数百只跳动的兔子，从伦敦来到哈代位于多切斯特的住处。当时，为徐志摩开门的是哈代家的一位侍女，侍女回绝徐志摩说，哈代先生"永远"不见客，只不过，这个"永远"在哈代接过侍女递上的来自狄更生的"介绍信"后再自然不过地消失得无影无踪了。就连当时回绝徐志摩的那名侍女都堆满了笑容对他说："哈代先生愿意见你。先生，请进。"

徐志摩与哈代的初见算是顺利并愉悦的，这个徐志摩平视都险些看不到头顶的矮小老头儿与来自东方的文学青年高谈阔论，畅所欲言，一切都与文学有关，一切又都与文学无联。徐志摩在与大诗人谈文学的时候，不忘仔细观察偶像，他发现，哈代不仅个子矮，而且小眼睛、尖下巴、宽额头，再仔细辨认开来，有点儿像尖角冲下的等边三角形。比脸形更令徐志摩难以忘却的是哈代嘴巴两边松松下坠的腮部及几乎毫发无存的头顶。这次见面的时间并不算长，而且，哈代都没有给徐志摩奉上一杯茶水或一盒点心，不知道是不是他们交流得过于投入，让哈代及他的侍女都忘记了简单的待客之道；抑或是桀骜不驯的大诗人哈代根本就不屑于那些形式琐事，真正懂得知识的人往往都是不拘小节的。

此次初见，徐志摩写佳作一篇：

谒见哈代的一个下午
徐志摩

如其你早几年，也许就是现在，到道骞司德的乡下，你或许碰得到《裘德》的作者，一个和善可亲的老者，穿着短裤便服，精神飒爽的，短短的脸面，短短的下颏，在街道上闲暇的走着，照呼着，答话着，你如其过去问他卫撒克士小说里的名胜，他就欣欣的从详指点讲解；回头他一扬手，已经跳上了他的自行车，按着车铃，向人丛里去了。我们读过他著作的，更可以想像这位貌不惊人的圣人，在卫撒克士广大的，起伏的草原上，在月光下，或在晨曦里，深思地徘徊着。天上的云点，草里的虫吟，远处隐约的人声都在他灵敏的神经里印下不磨的痕迹；或在残败的古堡里拂拭乱石上的苔青与网结；或在古罗马的旧道上，冥想数千年前铜盔铁甲的骑兵曾经在这日光下驻踪；或在黄昏的苍茫里，独倚在枯老的大树下，听前面乡村里的青年男女，在笛声琴韵里，歌舞他们节会的欢欣；或在济茨或雪莱或史文庞的遗迹，悄悄的追怀他们艺术的神奇……在他的眼里，像在高蒂闲（Theophile Gautier）的眼里，这看得见的世界是活著的；在他的"心眼"（The Inward Eye）里，像在他最服膺的华茨华士的心眼里，人类的情感与自然的景象是相联合的；在他的想像里，像在所有大艺术家的想像里，不仅伟大的史迹，就是眼前最琐小最暂忽的事实与印象，都有深奥的意义，平常人所忽略或竟不能窥测的。从他那六十年不断的心灵生活——观察，考量，揣度，印证——从他那六十年不懈不弛的真纯经验里，哈代，像春蚕吐丝制茧似的，抽绎他最微妙最桀傲的音调，纺织他最缜密最经久的诗歌——这是他献给我们可珍的礼物。

哈代并未收徐志摩为徒，但徐志摩却始终视哈代为自己的精神导师。徐志摩回国之后，甚至依然热衷于大量翻译哈代的作品。哈代那种"真纯的人生哲学"深深影响着中国才子徐志摩，也影响着徐志摩的作品。

1928年，享年88岁的哈代与世长辞，徐志摩以"汤麦士哈代"为题作文一篇以纪念哈代。文中，徐志摩指出，哈代各方面的成就举世无双，他的逝世是整个世界文学史上的最大遗憾，同时还介绍了哈代逝世后英国为其举行的隆重的悼念仪式。

　　在这四年内我们先后失去了这时代的两个大哲人，法国的法郎士与英国的哈代。这不仅是文学界的损失，因为他俩，各自管领各人的星系，各自放射各人的光辉，分明是十九世纪末叶以来人类思想界的孪立的重镇，他们的生死是值得人们永久纪念的。我说"人类"因为在思想与精神的境界里我们分不出民族与国度。……我们想念到他们，正如想念到创孔一切的主宰，只觉得语言所能表现的赞美是多余的。我们只要在庄敬的沈默中体念他们无涯涘的恩情。他们是永恒的。天上的星。

　　除此之外，徐志摩还以最快的速度翻译出哈代的诗歌《对月》和《一个星期》，并发表在1928年3月10日《新月》杂志第1卷第1号上。

　　仰慕英雄即是向光明的直接靠近，正如笔者所鼓励自己的一样："朝向日葵最灿烂的方向奔跑，唯愿与她同在阳光下放肆地微笑。"

父亲请来了"总理"

历史上对郑孝胥最多的评价莫过于"汉奸"两个字，有人说，即使他的字写得再怎样出神入化，因为他"卖国求荣"的做派也变得没有任何优点了，但不得不指出的是，有这样想法的人至少是肯定了郑孝胥的书法确实堪称为"书法"的。

郑孝胥的一生颇具传奇色彩，有过纠结，有过挣扎，有过努力，也有过妥协，但终究留下的依然是很多遗憾。有人说他是卖国贼，也有人说他是忠心于溥仪的民国战略大家，但作为伪满洲国的总理，郑孝胥的上位怕是也不那么光彩。1923年，郑孝胥时年63岁，在溥仪的老师陈宝琛的引荐下进入故宫，任"懋勤殿行走"一职。懋勤殿取意懋学勤政，是皇帝的书斋雅室，因此，给世人留下的印象也都是儒雅。懋勤殿里所贮存的多为皇帝御用的图书画作、文房四宝等，能在此殿"行走"之人，也是颇受皇帝重用的核心"高管"。

自此之后，郑孝胥作为溥仪的"智囊"，为清室复辟出谋划策。除"行走"之外，他另被授予总理内务府大臣之职。但这样养尊处优的日子没过多久，1924年，溥仪被废除帝号，被迫迁出故宫。溥仪从故宫到日使馆，再到天津日租界等一系列安排均为郑孝胥与日本人"密谋"所为。郑孝胥始终追随着溥仪，可谓忠心耿耿，因此也期望日本人能够协助其复辟，甚至对日本人投怀送抱，成为国家和人民唾弃的汉奸。1932年3月，伪满洲国成立后，郑孝胥出任伪满洲国国务总理。其间，他每天早晨5点开始待客，写日记，9点到国务院办公。他上台阶时经常一步连跨两级，腿脚利落轻快，人人见之皆称奇人，70多岁就像50多岁的样子。后来，日本人逐渐发觉郑孝胥不能再为之所摆布，便起了弃用想法，最后，以其年高"倦勤思退"为由罢免了郑孝胥。

这样的一个人是如何与商人徐申如、诗人徐志摩父子有所关联的呢？笔者翻遍史料，在网络上进行各种资料搜寻，能够寻得的"关联"即为徐志摩为郑孝胥的学生，这也从另一方面肯定了，郑孝胥的书法可谓一绝。

徐志摩的父亲徐申如与郑孝胥的交情可追溯到1907年，据《郑孝胥日记》（1907年12月12日）记载："午刻，汤蛰先①邀饮九华楼，座间晤缪小山、徐申如。"是说，郑孝胥应汤蛰先之邀，与徐申如、缪小山②在九华楼品茶，讨论浙江官绅谋害秋瑾事件。提到汤

① 原名汤寿潜，字蛰先，又字蛰仙，浙江山阴天乐乡（今属杭州）人。清末民初实业家和政治活动家，是晚清立宪派的领袖人物。
② 原名缪荃孙，字炎之，又字筱珊，号艺风，江苏江阴申港镇缪家村人。中国近代藏书家、校勘学家、教育家、目录学家、史学家、方志学家、金石家。我国文化教育科技界尊称他为中国近代图书馆的鼻祖。

寿潜老先生，我们不得不插上一句，他还是徐志摩与原配张幼仪的证婚人，可见，徐申如并不是一位简单的商人，他在文化圈的人脉同样深厚。

而徐志摩与郑孝胥的关系，那显而易见就是老父亲徐申如的引荐了。为了让儿子能够顺畅地游走于上层社会圈子，徐申如不惜重金请出故交郑孝胥来教授徐志摩书法。师徒二人的初识大约是在1923年，据《郑孝胥日记》（1923年3月8日）中记录："梅笙又以电话来，云即行。与大七同至火车站送之，遇徐申如及其子子木。"徐志摩从英国留学归来之初，尚无所作为之时，决定赴北京松坡图书馆做英文秘书，以做踏板，在火车站台曾与郑孝胥匆匆而见。

我们并不知晓郑孝胥是如何将自己的书法造诣传承给他的诸多弟子的，但从文字书写的风格上可以看出，徐志摩的书法当数众师兄弟中与老师郑孝胥最为神似的一个。

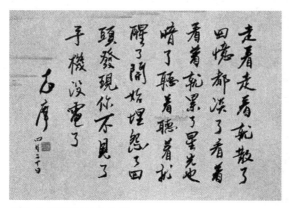

图2-1 徐志摩书法作品

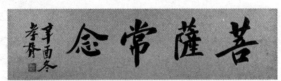

图2-2 郑孝胥书法作品

交通银行

图2-3 郑孝胥为交通银行的题字沿用至今

徐志摩的字或许不是最美的，但却是最动情的，正如他的诗与散文。相较那些在诗歌理论形成过程中下过一番苦功的诗人，如闻一多、郭沫若等，徐志摩的诗显得有些不严谨或者随意了些。那种追求"爱，自由，美"的浪漫精神和他"诗化生活"的创作方向以及他那放荡不羁爱自由的创作风格赋予了他的诗挖掘不尽的魅力，犹如长江之水，绵绵不绝，永不枯竭。

两颗诗心的碰撞与融合

未曾拜师，却一样影响着徐志摩及其文学作品的"偶像派老师"还有印度诗人泰戈尔。

泰戈尔是19世纪至20世纪印度伟大的诗人、作家，其创作文学作品的时间跨越了19、20两个世纪，而其作品所传承下来的精神至今不灭不垢。泰戈尔用于文学创作的时间60余年，其间，大量的小说、诗歌以及绘画和戏剧作品不断问世，并在1913年获得诺贝尔文学奖，这也是属于亚洲人的第一个"诺贝尔文学奖"。

20世纪早期，在中国文化界中一些受过西方教育的人发起的革新运动——新文化运动时期，印度诗人泰戈尔的大量作品被介绍到中国，形成了一股不小的"泰戈尔热潮"，尤其是泰戈尔对其人生哲学的身体力行深远地影响着中国诗秀徐志摩。

泰戈尔著作中第一个与中国有关联的作品为《鸦片——运往中国的死亡》，创作于1881年。当时的泰戈尔刚好20岁，与徐志摩开始崇拜泰戈尔时的年龄相差无几，一样的热血青年，一样的对文学的热爱，即便经过了36年，也不曾有过丝毫的隐藏。泰戈尔在该作品中深恶痛绝地谴责了英帝国强迫清政府割让土地，以及丧心病狂地利用鸦片来摧毁中国人的意志和生命的罪行。文章一经发表，受到各国的关注，影响巨大。1916年，日本侵略中国山东，以及抗日战争全面爆发后，泰戈尔始终将中国的命运维系在自己的生命中，他多次发表文章和言论谴责日本帝国主义的罪行，维护中国领土的完整及人民的生命安全。或许，泰戈尔的言辞远不及帝国主义的枪林弹雨来得致命，但却充分体现出一个国际上著名的主张和平的诗人、学者对中国和世界和平的果敢维护。

就连泰戈尔自己都感叹：上辈子的自己难道也是一名中国人？要不然，为何对中国的国情和人民情有独钟呢？

1924年，梁启超、蔡元培等邀请泰戈尔来中国讲学，徐志摩被老师梁启超"钦点"为泰戈尔先生的随行翻译，这位有志青年终于有幸与偶像级大师近距离接触。这是泰戈尔第一次踏入中国的土壤，但奇妙的是，他与中国的"第一次"亲密接触仿佛被赋予了多年的情愫般"情不自禁"。泰戈尔激动地说："朋友们，我不知是什么缘故，到中国就像回到故乡一样，我有种感觉，印度是中国极其亲近的亲属，中国和印度是极老而又极亲密的兄弟。"或许，正是这份再自然不过的"亲密感"，让徐志摩与泰戈尔这一印一中、一老一少两颗诗心碰撞并融合了。

图2-4 1924年4月，泰戈尔(右三)、林徽因(右二)、徐志摩(右一)、梁思成(左一)等合影

中国之行结束后，徐志摩与泰戈尔貌似还不想这么快就分离，两人的相见恨晚的感觉一点儿也不比如胶似漆的情侣少。随后，徐志摩陪同泰戈尔出访日本。对于泰戈尔来说，徐志摩不仅仅是随行翻译，更是志同道合的忘年之交，同时也是各地访问的"导游"、工作上的助手和生活上的朋友。徐志摩甚至尊称泰戈尔为"老戈爹"，而泰戈尔也为徐志摩起了一个印度名字"素思玛"，可见两人的亲密程度之深。

在泰戈尔返回印度之后，两位诗人也不断书信往来，交流情感，畅谈诗歌创作。在徐志摩的心情特别灰暗的那段时期里，泰戈尔的鼓励为他排解了忧愁，增加了信心，并最终使徐志摩赢得了那场感情捍卫争夺战。

其实，对于徐志摩爱上有夫之妇陆小曼这件事情，大多数人的观点是不看好他们的感情的，包括徐志摩的父亲徐申如、恩师梁启超。但中国人难以接受的抢夺朋友妻子的事情却得到了泰戈尔的支持，他立劝徐志摩要为爱情而奋斗，不要气馁，更不要放弃。相信，泰戈尔的鼓励给予徐志摩的不仅仅是坚持自己必胜的信念，更是一位诗人对世俗偏见的重新洗礼。

当泰戈尔再次游历来到中国时，他选择了在徐志摩和陆小曼的温暖小家里住下。当同样来自印度的朋友邀请泰戈尔出行或进餐时，泰戈尔总要带上徐志摩和陆小曼，并骄傲地向他人介绍："这是我的儿子和儿媳妇！"此时的时间定格在1929年，泰戈尔近70岁，徐志摩32岁，这次相见是这对老幼组合的最后一次见面。

泰戈尔送给徐志摩夫妇一件紫色的长袍、一张精美的包书纸、一块印度风格的头巾和一只用头发和金丝胶成的手镯。拿着沉甸甸的礼物，泰戈尔深情地对徐志摩说："我老了，恐怕不会再来中国了，也许再也见不到你们了，这点小礼物就作为永别的纪念吧。"

泰戈尔那种对世界的大爱，对苦难的怜悯和同情，都将一种能量巨大的人生观及文学创作激情传给了徐志摩，影响着他及他的文学作品。

叁

求之贤，文秀初成

最美的年华遇见你

那首脍炙人口的《再别康桥》，仿佛将徐志摩的所有诗情画意都定格在了英国剑桥大学，也让世人不禁对剑桥莫名地向往，似神话般的文学天堂召唤着"摩粉儿"。剑桥是徐志摩人生中最后一个读书的学府。如果不是英年早逝，他未来还有继续游学、讲学或是再学习深造的机会，只是在飞机失事的那一刻，一切都变得昏暗无光了。

其实，并不被太多人所熟知的是，徐志摩曾经有过一段在北洋大学①求学的经历。2015年，天津大学建校120周年暨天津大学冯骥才文学艺术研究院建院10周年之际，徐志摩的一尊雕像在天津大学冯骥才文学艺术研究院揭幕。与此同时，同样被揭开帷幕的就是徐志摩两年的北洋大学的学习生活。

---

① 今天津大学。

图3-1 坐落于天津大学冯骥才文学艺术研究院的徐志摩雕像

　　1916年，19岁的徐志摩走进了北洋大学的校门，开始了两年的北大预科班的学习生活。创建于1895年的北洋大学在徐志摩入校的时候已有21年的厚重底蕴，这所中国近代史上第一所现代大学的前身是北洋西学学堂、北洋大学堂等。该校的创立标志着中国近代学制的产生，为我国的高等学校初创时期的教学体系的建立起到了典范的作用。最重要的是，它结束了中国一千多年封建教育的历史，促进了中国近代教育的发生发展。1951年，北洋大学正式更名为天津大学。

　　徐志摩从小对自然科学颇为喜爱，但是在升入北洋大学时，他毅然决然地放弃了少年时代的梦想，选择了全英文授课的法律学科。一方面是法律学科在当时的专业中比较冷热均衡，不是特别夸张的难就业或挤破门槛也进不来的那种；一方面，它还拥有北京大学的预科性质。

　　所谓的预科，就是一种将大学课程中一部分基础课程或桥梁课程"提前"进行学习和教育。通常情况下，高三毕业生需经过两年左右时间的"预科班"学习后，才能进入梦寐以求的大学的本科阶段学习，若没有这段"预科"学习经历，学生就只能进入大学的专科学习阶段。当然，并不是所有的学校都设有预科班的，预科班的课程均由相匹配的大学专业教师精心设计而成，将大学课程中较为基础的内容提前植入给学生，以便学生入学后顺利衔接。这有点像中国素质教育之外的补习制度中的"小升初""初升高"的提前学习阶段。

大学预科源自西方，国外的教育体系中，大学预科尚属高等教育的范畴，是基础教育接壤高等教育阶段中的"润滑剂"，其重要作用不可小视，也被称为"高中教育跨越到高等教育的重要基石"。这种教育方式之所以在我国近代史上较为盛行，是因为它确实适应了高等教育的全面发展，也为高等学府提前培养好了优秀学生。

徐志摩所就读的专业正是未来与北京大学法学专业相接壤的北洋大学法学系。

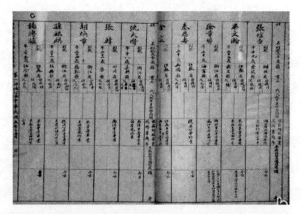

图3-2 徐志摩在北洋大学法学系读书期间的部分成绩单

如图3-2所示，尽管在全英文的授课形式下，徐志摩的学习成绩依然很好，世界历史98分、中国文学90分、法律基础90分、英文88分、逻辑心理学86分。有据可依的文献中并没有对徐志摩就读北洋大学期间的经历过多评述，但可以肯定的是，徐志摩这样才情高尚的青年，定不会辱没了北洋大学这般良辰美景的。

1917年，北洋大学的法科正式并轨到北京大学的法学系，徐志摩也因此结束了在天津的学习和生活，辗转来到北京大学继续完成法学专业的学习。

此时的徐志摩，满脑子充斥着的都是好好学习天天向上，按照父辈们寄予的希望充实地学习和生活着。经商、学法……这些都是徐志摩继承家业的基础，根基稳定了，他自然而然地就会成就一番不同凡响的业绩。

徐家的宅院里，从来都不缺少知识，别看徐志摩的老爸是一位商人，而历史上乃至当代任何一个时期的商人都不可避免地有着铜臭味，但徐志摩的父亲可不是一个一般的商人，他不仅对儿子寄予厚望，更以一双透视眼睛，预见了未来的机遇。比如他送儿子进入预科班，就是一个明智之举。

徐志摩的成绩一直不错，上国内一流大学绝对不在话下，不过北大毕竟不是其他的学府能比的，这所全中国的骄子都向往已久的大学的校门，自然也就不那么容易进去。但是，去北大预科班学习就不一样了，成绩不错，家里又肯出钱，徐志摩的顺其自然似乎也有那么一些循序渐进。

多年后，徐志摩的一首名为《三月十二深夜大沽口外》的诗歌中，曾有对其在北洋大学学习期间的回忆，诗中描述：

> 今夜困守在大沽口外； 绝海里的俘虏，对著忧愁申诉；桅上的孤灯在风前摇摆：天昏昏有层云裹，那掣电是探海火！
>
> 你说不自由是这变乱的时光？但变乱还有时罢休，谁敢说人生有自由？今天的希望变作明天的怅惘；星光在天外冷眼瞅，人生是浪花里的浮沤！
>
> 我此时在凄冷的甲板上徘徊，听海涛迟迟的吐沫，心空如不波的湖水；只一丝云影在这湖心里晃动——不曾参透的一个迷梦，不忍参透的一个迷梦！
>
> （徐志摩作于1926年3月12日，发表于1926年3月22日《晨报副刊》）

能够查阅到的关于徐志摩在北洋大学求学期间的经历的文献少之又少，这位才华横溢的民国诗人，仿佛被刻意地抹去了那段青年时期的记忆。直到徐志摩的雕像和简短的从学经历，赫然摆在天津大学的那一刻，他鲜为人知的天大学子身份才得以告知天下。

徐志摩虽然心随父愿，来到北洋大学学习法学，但他那颗永不"安分"的心怎能在糟乱的民国时期安于现状呢？虽然，此时的徐志摩还未彰显出本质的那部分文学异彩，但他的爱国情操仍然表现得淋漓尽致。

著名法学家吴经熊在其自传《超越东西方》中回忆，他与徐志摩共同求学的上海浸信会学院所开设的课程并不多，只有中英文学、历史、数理化等课程，而这些远远不能满足徐志摩对知识的渴求，于是，徐志摩将渴望知识的"摩爪"伸向了西方。恰逢此时，西学东渐的学风徐徐而来，徐志摩走进北洋大学，之后再迈向北大之门，乃至他后来的英国、美国求学经历，都展现出了徐志摩不满足于现状，更不满足于当下的自己的积极进取精神。

顺利进入北大校门，徐志摩仍然闲不住那颗对国运、知识热情似火的心。新的学习生活里，徐志摩自主地植入了新的内容和新的思想，一切行程都向着那个叫作文学的殿堂渐行渐近了。

在北大学习的两年中，徐志摩继续苦读本专业法学知识，同时对日文、法文、政治学、中外文学等方面倾注了很多心思。在那个会聚了全国最优秀人才的学府里，徐志摩的同窗们可谓人人精彩，都是一群年轻的生命，碰撞起来也都能燃烧起倔强的火焰。徐志摩喜欢这样的学习空间，更愿意与志同道合之人高谈阔论，结识了不少名门望族。他拜师梁启超，正是那个时期的一桩大新闻。梁启超带给徐志摩的影响举足轻重，只是后来，徐志摩玩命地追逐新思想，为了爱情甘愿舍弃婚姻和亲情的作为，最终迫使师徒二人的和美关系断裂。

北京是中国的首都，所有的动乱和所有的新潮流一样，总会第一时间席卷这个大都市。徐志摩就在那个时期目睹了北洋军阀的混战，那样的屠杀场景怎是一个文弱书生所能直面的？每一个文艺青年的内心世界都是特别纯净的，徐志摩自然受不了这样的厮杀与龌龊，他对那样的混乱社会早已厌倦，他要去寻找一方净土，慢慢滋养刚刚处于萌芽期的文学梦想。于是，徐志摩在父亲徐申如的资助下，来到了美国留学。他要去学习西方文化，以寻求一个可以改变国运的良方，实现他心目中的革命理想。

凡世的喧嚣和着明亮汩汩而过

理想，是每一个年轻的生命都不曾错过的坚持，久了就成为生活的一份不舍，再久一些便是对生命的眷恋，然而行进中的懒怠，将使得人生不再色彩斑斓，与未来的某个点永远是咫尺天涯。

不知道是不是战争的硝烟蒙住了才子的理想，徐志摩一心学法律的梦想仅仅维系了两年，便随着赴美游轮的号角烟消云散了。

那个时代的交通并不算发达，徐志摩从北京去美国，需要坐上半个多月的游轮，好在我们的主人公是满腹经纶的文艺青年，权当度假了。1918年8月31日，徐志摩在赴美游轮上写了一封致亲友的书信，满满承载着年轻的抱负和理想，冲刷着百无聊赖的轮船生活。

诸先生既祖饯之，复临送之，其惠于摩者至，抑其期于摩者深矣。

窃闻之，谋不出几席者，忧隐于眉睫，足不逾间里者，知拘于蓬蒿。诸先生于志摩之行也，岂不曰国难方兴，忧心如捣，室如悬磬，野无青草，嗟尔青年，维国之宝，慎尔所习，以骄我脑。诚哉，是摩之所以引惕而自励也。

传曰：父母在，不远游。今弃祖国五万里，违父母之养，入异俗之域，舍安乐而耽劳苦，固未尝不痛心欲泣，而卒不得已者，将以忍小剧而克大绪也。耻德业之不立，遑恤斯须之辛苦，悼邦国之殄瘁，敢恋晨昏之小节，刘子舞剑，良有以也。祖生击楫，岂徒然哉。惟以华夏文物之邦，不能使有志之士，左右逢源，至于跋涉间关，乞他人之糟粕，作无慭之妄想，其亦可悲而可恸矣。

垂髫之年，辄抵掌慷慨，以破浪乘风为人生至乐，今自出海以来，身之所历，目之所触，皆足悲哭呜咽，不自知涕之何从也，而何有于乐？

我国自戊戌政变，渡海求学者，岁积月增，比其反也，与闻国政者有之，置身实业者有之，投闲置散者有之。其上焉者，非无宏才也，或蔽于利；其中焉者，非无绩学也，或绌于用；其下焉者，非鲋涸无援，即枉寻直尺。悲夫！是国之宝也，而颠倒错乱若是！岂无志士，曷不急起直追，取法意大利之三杰，而犹徘徊因循，岂待穷日暮而后奋博浪之椎，效韩安之狙？须知世杰秀夫不得回珠崖之飔，哥修士哥不获续波兰之祀。

所谓青年爱国者何如？尝试论之：夫读书至于感怀国

难，决然远迈，方其浮海而东也，岂不慨然以天下为己任？及其足履目击，动魄刿心，未尝不握拳呼天，油然发其爱国之忱，其竟学而归，又未尝不思善用其所学，以利导我国家。虽然我徒见其初而已，得志而后，能毋徇私营利，犯天下之大不韪者鲜矣。又安望以性命，任天下之重哉？夫西人贾竖之属，皆知爱其国，而吾所恃以为国宝者，咻咻乎不举其国，而售之不止。即有一二英俊不诎之士，号呼奔走，而大厦将倾，固非一木所能支，且社会道德日益滔滔，庸庸者流引鸩自绝，而莫之止，虽欲不死得乎？窃以是窥其隐矣。

游学生之不竞，何以故？以其内无所确持，外无所信约。人非生而知之，固将困而学之也。内无所持，故怯、故蔽、故易诱；外无所约，故贪、故谲、故披猖。怯则畏难而耽安，蔽则蒙利而蔑义，易诱则天真日泪，耆欲日深。腐于内则溃其皮，丧其本，斯败其行。贪以求，谲以忮，放行无忌，万恶骈生。得志则祸天下，委伏则乱乡党，如水就下，不得其道则泛滥横溢，势也不可得而御也。如之何则可？曰：疏其源，导其流，而水为民利矣。我故曰："必内有所确持，外有所信约者，此疏导之法也。"庄生曰："内外犍。"朱子曰："内外交养。"皆是术也。

确持奈何？言致其诚，习其勤，言诚自不欺，言勤自夙兴。庄敬笃励，意趣神明，志足以自固，识足以自察，恒足以自立。若是乎，金石可穿，鬼神可格，物虽欲厉之，容可信乎！信约奈何，人之生也，必有严师友督伤之，而后能规化于善。圣人忧民生之无度也，为之礼乐以范之，伦常以约之。方今沧海横流之际，固非一二人之力可以排疃而砥柱，必也集同志，严誓约，明气节，革弊俗。积之深，而后发之大，众志成城，而后可有为于天下。

若是乎，虽欲为不善，而势有所不能。而况益之以内养之功，光明灿烂，蔚为世表，贤者尽其才，而不肖者止于无咎。拨乱反正，雪耻振威，其在斯乎？其在斯乎？或曰：子言之易欤！行子之道者有之而未成也，奈何？然则必其持之未确也，约之未信也，偏于内则偄，骛于外则索。世有英彦，必证吾言。况今日之世，内忧外患，志士贲兴，所谓时势造英雄也。

时乎！时乎！国运以苟延也今日，作波韩之续也今日，而今日之事，吾属青年，实负其责。勿以地大物博，妄自夸诞，往者不可追，来者犹可谏。夫朝野之醉生梦死，固足自亡绝，而况他人之鱼肉我耶？

志摩满怀凄怆，不觉其言之冗而气之激，瞻彼弁髦，怒如捣兮，有不得不一吐其愚以商榷于我诸先进之前也。摩少鄙，不知世界之大，感社会之恶流，几何不丧其所操，而入醉生梦死之途？此其自为悲怜不暇，故益自奋勉，将悃悃愊愊，致其忠诚，以践今日之言。幸而有成，亦所以答诸先生期望之心于万一也。

——《民国七年八月十四日徐志摩启行赴美文》

（徐志摩创作于1918年8月31日赴美游轮之上）

此次，徐志摩选择去美国伍斯特的克拉克大学学习历史。这是一所比徐志摩年长10岁的小型贵族学校，以小班授课而著称，每个班级的学生人数不会超过25人，以保障每个学生都能获得最佳的学习成果。

这所特别具有时代气息的学府，在人才培养的概念上确实尤为追求创新模式。比如，学校坚持鼓励学生和教师利用自己的智慧和求知欲，来摆脱传统、常规的知识束缚，依照适用于当今时代的创新技术和思想，通过实践对国家和世界做出积极的贡献。徐志摩正是在这样先进的理念里自由翱翔，冲破惊涛骇浪，冲破封建旧俗，一切向往着新生命。此时的徐志摩，已经越来越不喜欢自己已婚的身份了，早在读中学时就被包办的婚姻让他觉得与此时自己的身份和思想都格格不入。这并不是所有喝了洋墨水的人的通病，徐志摩的叛逆和坚决的抵制确实比一般人来得猛烈和不顾一切。

徐志摩的内心世界，被大量先进的思想填充得饱满又富有激情，他早已立志，要将更多的先进文化"窃"为己有，报效国家。研究历史就是"窃取"先进文化的第一步，从根拔起。钻研历史的过程中，徐志摩还选修了社会学、经济学，他梦想着自己会成为一个优秀的"中国汉密尔顿"。徐志摩的努力是有目共睹的，他的成绩始终名列前茅，这在人才济济的美国贵族大学里，实属"稀有珍品"。谁都熟悉，那个家底雄厚、聪明好学、成绩优异的中国青年的名字，叫徐志摩！

　　徐志摩用十个月的时间完成了所有大学必修的课程，他为自己以及同样来自中国的几名室友定制了一个学习时间表，并严格按照时间表来安排学习。"六时起身，七时朝会，晚唱国歌，十时半归寝，日间勤学而外，运动散步阅报。"1919年冬，徐志摩顺利毕业，并且获得了含金量超高的一等荣誉学位。

路很远，走下去会很累

一直以来，美国都是一个很强大的国家，这样的评价，在徐志摩最初踏上美国土地的那一刻就有感而发了。那个时候，一战刚刚结束，德国的投降激起了所有美国人狂热的兴奋之情。我们都相信，和平时代的人们都是积极热情的，但经历过生死浩劫的美国人，能够在仍然弥漫的硝烟中呼吸得如此洒脱，是徐志摩万万没有想到的。

每一个与徐志摩接触过的或是没有接触过的美国人，在徐志摩的认知里，他们对自己祖国的过去、当下或未来都毫无怨言，甚至充满积极乐观的期待。行走在每一条美国街道，徐志摩看到的都是热情洋溢的属于美国的笑容，那种绝对可以让人感同身受的爱国热情，让我们的才子更加感怀，他开始回望自己的国家，回想自己出国留学的直接目标，不就是要带着先进思想和文化，返回故土报效祖国吗？

此时的徐志摩，更多的救国思绪还停留在视野之中，所以，当他看到美国街道上空燃起的浓烟，看到仿佛火车头般的烟囱时，他切身感受到了浓浓的工业气息，甚至幻想着，倘若中国的房屋建筑也能比比皆是烟囱，那该是多么幸福的一件事情。

不过，这样的思绪很快就从徐志摩的爱国热情中变淡了。1919年的"五四运动"浪潮席卷了整个美国的中国留学生圈，徐志摩和爱国的中国留学生们一起参加了很多次爱国活动。他在思想上，广泛受到《新青年》《新潮》等杂志的熏陶，原本以优异成绩提前从克拉克大学历史系毕业的徐志摩是打算在哥伦比亚大学攻读经济学硕士学位的，只是，爱国潮洗礼了在美国的中国青年们的心，徐志摩自然也是被洗礼的对象之一。

徐志摩开始广泛涉猎哲学、政治学、文学等先进思想，他只恨自己现在身在美国，不能像北京的青年们一样进行爱国运动。他虽身在美国，但却心系祖国，他甚至放弃了由经济转为政治的主修专业，将学习目标定在文学上，并以半年的时间顺利获得社会学硕士学位，其中的努力与刻苦可想而知。

曾经，徐志摩认为，只有在战争和剥削的年代或国家里，才会涌现出爱国的浪潮。当他初到美国的时候，他发现自己错了，因为那个时候的美国，在徐志摩的认知世界里是和平的、充满阳光和激情的国家。可随着了解的深入，徐志摩再次觉得自己错了。两年的美国学习生活，徐志摩学到的不单是美国先进的思想和文化，同时也洞悉了美国资本主义社会中资产阶级疯狂的贪婪欲望，他不喜欢那种对物欲的追逐，更不喜欢尔虞我诈的复杂环境。

每一个文学艺术青年的内心世界都是无比纯净的，徐志摩向往一切美好与无瑕，初到美国的那种和谐伴随着美资本主义的血腥荡然无存了。此时，罗素的思想渐渐走进了这个文学艺术青年的心房。

罗素是一切有关美好的代名词，他坚信，美好的人生中，爱和知识一样并存在成功的喜悦中。罗素热爱和平，向往世界的无争，他对中国的认知虽不多，但他对中国仍处于苦难中的国民的关怀毫无国界和阶级区别，这成为徐志摩膜拜他的理由。特别是罗素关于爱、金钱、欲望和自由等方面的独到思想，时时刻刻牵动着这个在美国留学的中国文艺青年的爱国心。

罗素关于美好人生、金钱崇拜、欲望和自由的思想：

一、关于美好人生

美好人生中，爱和知识是必须的。在某种程度上，爱更为重要。爱将激励我们去寻求知识，从而更清楚地知道如何使我们所爱的人获益。如果没有知识，我们可能相信道听途说，好心做了坏事。最完美的爱是欢喜和美好愿望不可分割的统一。没有美好愿望的欢喜可能是残酷和自私的；而没有欢喜的美好愿望又可能会是冷漠和高傲的。 爱能使人的欲望变得协调，而非冲突。两个相爱的人可以成败与共，而相恨的人，一方的失败则是另一方的成功。

二、关于金钱崇拜

金钱崇拜指的是一种信仰，即认为一切价值都要用金钱来衡量，金钱是人成功与否的唯一尺度。这种错误的成功理念引导人们残害了自己的本性，降低了人生的快乐，增加了紧张的感受，使整个社会变得消极、厌倦、缺乏幻想，使人心中一切伟大愿望陷于沉寂。由于惧怕失去金钱，人们有了更多忧虑和烦恼，把获得幸福的能力消耗殆尽。

三、关于欲望

蟒蛇吃饱之后就会开始睡觉，除非到了需要另外一餐时，绝不会醒来。而人则不一样。人吃饱之后，绝不会就此满足，反而更为欲望丛生，生机勃勃。人的欲望有四大种：贪婪、竞争、虚荣、权力。贪婪是一种巨大的动机，希望有尽可能多的财富或财富的控制权。无论你拥有多少，你总是希望得到更多，永远不会满足。如果说贪婪是渴求比原有的多得多，而竞争则是比别人的多得多。如果竞争比贪婪更为强烈，得不到有效的控制与管理，那么这个世界将成为最不幸的地方。虚荣是一种有巨大潜力的动机，它是人们内心深处一种最重要的欲望，它的表现形式多样。虚荣带来的重要问题之一就是自我不断地膨胀。权力欲近似于虚荣，但有所不同。满足虚荣心的是荣誉。拥有荣誉却不拥有权力较之拥有权力而不拥有荣誉是件容易的事。拥有权力的人可以管制仅有荣誉的人，而仅有荣誉的人却不能管制有权力的人。所以对于有野心的人，权力欲更为强烈。在权力欲的驱使下，人更热衷于施加痛苦而不是使人快乐。拥有权力的人在对别人说"不"的过程中比说同意会得到更大的满足。正因如此，权力欲成为一种危险的动机。

四、关于自由

自由之路上有两大障碍：物质的和社会的。自由的实现中有些需要是基本和必须的，如食物、饮料、衣物、健康、性、关怀等。这些基本需要中有一种得不到满足，自由就不可能真正实现。对于自由而言，任何一种不对他人造成危害的快乐都值得珍视。我们可以通过两大途径达到自由的目的：提高追求自由的目标的能力和降低期望的水平。工业社会一方面提高了人们追求自由的能力，而另一方面又使人们不断产生新的渴望。人们对自身的力量越来越自信，认为自己无所不能。这使得现代人对自己越来越不满，离自由越来越远。比如开始还只是抱怨买不起汽车，可一旦买了汽车又为买不起私人飞机而耿耿于怀。 当一部分人还不得不为得到自由的必需品而发愁时，如果另一部分人在享受奢侈品，那么我们完全有理由来剥夺一些人的奢侈品来满足另一些人的必需品。当然我们并不赞成对那些并非以牺牲他人为代价所获得的财富进行干涉。自由必须以平等为前提。而绝对的平等是不存在的，只能是"引起最少忌妒的安排"。真正的自由在思想主张、科学知识、文化艺术方面较容易实现。因为在这些方面的占有并不会以牺牲他人为代价。而在经济学领域里，以牺牲他人为代价总是在所难免。所以我们在经济领域里的自由是喊错了地方。那些在

　　经济领域里的胜利者正企图在精神和道德领域运用他们的经济力量。思想的自由最基本的条件是不因观点的表达而受到法律的制裁。

　　单从文字的描述上，或许还会有很多人难以理解罗素的思想对徐志摩的影响到底有多深，但从徐志摩的行为上，我们定能体味到，一个文学艺术青年对思想偶像的膜拜程度。徐志摩的学习成绩优异是毋庸置疑的，他能够用十个月的时间修完整个大学的全部课程，再用半年的时间获得硕士学位，他的智商绝不亚于他的努力。哥伦比亚大学是一个吸引人才，同样擅于深度挖掘人才的地方，那里的人或许无法预知未来的徐志摩将成为闻名世界的青年诗人，但他们绝对看得到这个中国留学生身上满腔的热忱和对知识的渴望。他们是一定要将这样的人才留下的，甚至以博士的头衔吸引和挽留，然而徐志摩拒绝了。能够让他毫无留恋地放弃美国和博士学位的诱惑，其根本，正是罗素思想的召唤。

"换路"翡冷翠的一夜

　　只可惜，当徐志摩带着满腔的热血来到英国的时候，罗素却因为其思想过于和平而被剑桥大学除名了。"既来之则安之"的心态显然不属于徐志摩，但又不能来了就走，总还是有别的出路的，徐志摩坚信这一点，在英国伦敦政治经济学院待了半年。

　　世人对徐志摩的半年伦敦政治经济学院的学习生活用一个"混"字来形容，就连徐志摩自己也称那段无聊的岁月浪费了原本应该斑斓的青春，再这样"混"下去实属对不起生命。要么换一条路继续前行，要么换一种思想重新来过，总之，徐志摩再也不想像现在这样了无生趣地活着了。

　　就在这个时候，徐志摩遇见了林徽因父女，从此打开了文学的大门，也打开了徐志摩对爱和感情的重新认知。对于他与林徽因的那段感情经历，我们尚且不做感性的评论，就说徐志摩有关文学的造诣所迸发出的璀璨篇章，足以令世人感叹。是康桥塑造了徐志摩，还是徐志摩赋予了康桥一份美妙？

起初，伦敦的学习生活一度让徐志摩打算放弃留学毅然决然回国的，但是，冥冥中，似乎一种情愫机缘巧合地牵系着徐志摩的灵魂一般，让他总是无法断然离去。也就是这种纠结的牵绊，让我们看到了民国时代伟大诗人的成功诞生。

带着期待，徐志摩在林徽因父亲的引荐下，成功变身为剑桥大学狄更生教授的"门客"，并得到狄更生的高度认可，被介绍到剑桥大学读书。这所古老的研究型学府里，会聚了世界各个国家的学者。其中的物理科学学院、临床医学学院、人文艺术学院、三一学院、国王学院等堪称剑桥大学最主要的学院，我们的主人公徐志摩正是在剑桥大学国王学院的教授狄更生的引荐下有幸成为剑桥学生的。

剑桥的生活仿佛很早以前就在徐志摩的世界里植入了期待，让他一踏进剑桥的大门，便有一种与生俱来的亲切感。在剑桥，徐志摩最爱的是剑桥的自然之美，正如他所创作的散文《我所知道的康桥》中对这座世界著名学府的高度评价。

我所知道的康桥（四）

这河身的两岸都是四季常青最葱翠的草坪。从校友居的楼上望去，对岸草场上，不论早晚，永远有十数匹黄牛与白马，胫蹄没在怂蔓的草丛中，纵容的在咬嚼，星星的黄花在风中动荡，应和着它们尾鬃的扫拂。桥的两端有斜倚的垂柳与椈荫护住。水是澈底的清澄，深不足四尺，匀匀的长着长条的水草。这岸边的草坪又是我的爱宠，在清朝，在傍晚，我常去这天然的织锦上坐地，有时读书，有时看水，有时仰卧着看天空的行云，有时反仆着搂抱大地的温软。

但河上的风流还不止两岸的秀丽。你得买船去玩。船不止一种：有普通的双桨划船，有轻快的薄皮舟（canoe），有最别致的长形撑篙船（punt）。最末的一种是别处不常有的：约莫有二丈长，三尺宽，你站直在船梢上用长竿撑着走的。这撑是一种技术。我手脚太蠢，始终不曾学会。你初起手尝试时，容易把船身横住在河中，东颠西撞的狼狈。英国人是不轻易开口笑人的，但是小心他们不出声的皱眉！也不知有多少次河中本来优闲的秩序叫我这莽撞的外行给捣乱了。我真的始终不曾学会；每回我不服输跑去租船再试的时候，有一个白胡子的船家往往带讥讽的对我说："先生，这撑船费劲，天热累人，还是拿个薄皮舟溜溜吧！"我哪里肯听话，长篙子一点就把船撑了开去，结果还是把河身一段段的腰斩了去。

你站在桥上去看人家撑，那多不费劲，多美！尤其在礼拜天有几个专家的女郎，穿一身缟素衣服，裙裾在风前悠悠的飘着，戴一顶宽边的薄纱帽，帽影在水草间颤动，你看她们出桥洞时的姿态，捻起一根竟像没分量的长竿，只轻轻的，不经心的往波心里一点，身子微微的一蹲，这船身便波的转出了桥影，翠条鱼似的向前滑了去。她们那敏捷，那闲暇，那轻盈，真是值得歌咏的。

在初夏阳光渐暖时你去买一支小船，划去桥边荫下躺着念你的书或是做你的梦，槐花香在水面上飘浮，鱼群的唼喋声在你的耳边挑逗。或是在初秋的黄昏，近着新月的寒光，望上流僻静处远去。爱热闹的少年们携着他们的女友，在船沿上支着双双的东洋彩纸灯，带着话匣子，船心里用软垫铺着，也开向无人迹处去享他们的野福——谁不爱听那水底翻的音乐在静定的河上描写梦意与春光！

住惯城市的人不易知道季候的变迁。看见叶子掉知道是秋，看见叶子绿知道是春；天冷了装炉子，天热了拆炉子；脱下棉袍，换上夹袍，脱下夹袍，穿上单袍：不过如此罢了。天上星斗的消息，地下泥土里的消息，空中风吹的消息，都不关我们的事。忙着哪，这样那样事情多着，谁耐烦管星星的移转，花草的消长，风云的变幻？同时我们抱怨我们的生活、苦痛、烦闷、拘束、枯燥，谁肯承认做人是快乐？谁不多少间咒诅人生？

但不满意的生活大都是由于自取的。我是一个生命的信仰者，我信生活决不是我们大多数人仅仅从自身经验推得的那样暗惨。我们的病根是在"忘本"。人是自然的产儿，就比枝头的花与鸟是自然的产儿；但我们不幸是文明人，入世深似一天，离自然远似一天。离开了泥土的花草，离开了水的鱼，能快活吗？能生存吗？从大自然，我们取得我们的生命；从大自然，我们应分取得我们继续的滋养。那一株婆娑的大木没有盘错的根柢深入在无尽藏的地里？我们是永远不能独立的。有幸福是永远不离母亲抚育的孩子，有健康是永远接近自然的人们。不必一定与鹿豕游，不必一定回"洞府"去；为医治我们当前生活的枯窘，只要"不完全遗忘自然"一张轻淡的药方我们的病象就有缓和的希望。在青草里打几个滚，到海水里洗几次浴，到高处去看几次朝霞与晚照——你肩背上的负担就会轻松了去的。

这是极肤浅的道理，当然。但我要没有过遇康桥的日子，我就不会有这样的自信。我这一辈子就只那一春，说也可怜，算是不曾虚度。就只那一春，我的生活是自然的，是真愉快的！（虽则碰巧那也是我最感受人生痛苦的时期。）我那时有的是闲暇，有的是自由，有的是绝对单独的机会。说也奇怪，竟像是第一次，我辨认了星月的光明，草的青，花的香，流水的殷勤。我能忘记那初春的睥睨吗？曾经有多少个清晨我独自冒着冷去薄霜铺地的林子里闲步——为听鸟语，为盼朝阳，为寻泥土里渐次苏醒的花草，为体会最微细最神妙的春信。阿，那是新来的画眉在那边凋不尽的青枝上试它的新声！阿，这是第一朵小雪球花挣出了半冻的地面！阿，这不是新来的潮润沾上了寂寞的柳条？

静极了，这朝来水溶溶的大道，只远处牛奶车的铃声，点缀这周遭的沉默。顺着这大道走去，走到尽头，再转入林子里的小径，往烟雾浓密处走去，头顶着交枝的榆荫，透露着漠楞楞的曙色；再往前走去，走尽这林子，当前是平坦的原野，望见了村舍，初青的麦田，更远三两个馒形的小山掩住了一条通道。天边是雾茫茫的，尖尖的黑影是近村的教寺。听，那晓钟和缓的清音。这一带是此邦中部的平原，地形像是海里的轻波，默沈沈的起伏；山岭是望不见的，有的是常青的草原与沃腴的田壤。登那土阜上望去，康桥只是一带茂林，拥戴着几处娉婷的尖阁。妩媚的康河也望不见踪迹，你只能循着那锦带似的林木想像那一流清浅。村舍与树林是这地盘上的棋子，有村舍处有佳荫，有佳荫处有村舍。这早起是看炊烟的时辰：朝雾渐渐的升起，揭开了这灰苍苍的天幕（最好是微霰后的光景），远近的炊烟，成丝的、成缕的、成卷的、轻快的、迟重的、浓灰的、淡青的、惨白的，在静定的朝气里渐渐的上腾，渐渐的不见，仿佛是朝来人们的祈祷，参差的羼入了天听。朝阳是难得见的，这初春的天气。但它来时是起早人莫大的愉快。

顷刻间这田野添深了颜色，一层轻纱似的金粉糁上了这草，这树，这通道，这庄舍。顷刻间这周遭弥漫了清晨富丽的温柔。顷刻间你的心怀也分润了白天诞生的光荣。"春"！这胜利的晴空仿佛在你的耳边私语。"春"！你那快活的灵魂也仿佛在那里回响。

伺候着河上的风光，这春来一天有一天的消息。关心石上的苔痕，关心败草里的花鲜，关心这水流的缓急，关心水草的滋长，关心天上的云霞，关心新来的鸟语。怯怜怜的小雪球是探春信的小使。铃兰与香草是欢喜的初声。窈窕的莲馨，玲珑的石水仙，爱热闹的克罗克斯，耐辛苦的蒲公英与雏菊——这时候春光已是缦烂在人间，更不须殷勤问讯。

瑰丽的春放。这是你野游的时期。可爱的路政，这里不比中国，那一处不是坦荡荡的大道？徒步是一个愉快，但骑自转车是一个更大的愉快。在康桥骑车是普遍的技术；妇人、稚子、老翁，一致享受这双轮舞的快乐。（在康桥听说自转车是不怕人偷的，就为人人都自己有车，没人要偷。）任你选一个方向，任你上一条通道，顺着这带草味的和风，放轮远去，保管你这半天的逍遥是你性灵的补剂。这道上有的是清荫与美草，随地都可以供你休憩。你如爱花，这里多的是锦绣似的草原。你如爱鸟，这里多的是巧啭的鸣禽。你如爱儿童，这乡间到处是可亲的稚子。你如爱人情，这里多的是不嫌远客的乡人，你到处可以"挂单"借宿，有酪浆与嫩薯供你饱餐，有夺目的果鲜恣你尝新。你如爱酒，这乡间每"望"都为你储有上好的新酿，黑啤如太浓，苹果酒、姜酒都是供你解渴润肺的。……带一卷书，走十里路，选一块清静地，看天，听鸟，读书，倦了时，和身在草绵绵处寻梦去——你能想像更适情更适性的消遣吗？

陆放翁有一联诗句："传呼快马迎新月，却上轻舆趁晚凉。"这是做地方官的风流。我在康桥时虽没马骑，没轿子坐，却也有我的风流：我常常在夕阳西晒时骑了车迎着天边扁大的日头直追。日头是追不到的，我没有夸父的荒诞，但晚景的温存却被我这样偷尝了不少。有三两幅书画似的经验至今还是栩栩的留着。只说看夕阳，我们平常只知道登山或是临海，但实际只须辽阔的天际，平地上的晚霞有时也是一样的神奇。有一次我赶到一个地方，手把着一家村庄的篱笆，隔着一大田的麦浪，看西天的变幻。有一次是正冲着一条宽广的大道，过来一大群羊，放草归来的，偌大的太阳在它们后背放射着万缕的金辉，天上却是乌青青的，只剩这不可逼视的威光中的一条大路，一群生物！我心头顿时感着神异性的压迫，我真的跪下了，对着这冉冉渐翳的金光。再有一次是更不可忘的奇景，那是临着一大片望不到头的草原，满开着艳红的罂粟，在青草里亭亭的像是万盏的金灯，阳光从褐色云里斜着过来，幻成一种异样的紫色，透明似的不可逼视，霎那间在我迷眩了的视觉中，这草田变成了……不说也罢，说来你们也是不信的！

一别二年多了，康桥，谁知我这思乡的隐忧？也不想别的，我只要那晚钟撼动的黄昏，没遮拦的田野，独自斜倚在软草里，看第一个大星在天边出现！

如文章中所流露出的真情一般，徐志摩忘情于康桥，那首脍炙人口的《再别康桥》不仅仅是徐志摩对康桥的感情抒发，更是他对人生的一种别样情怀。其实，每个国家都有明暗分界，阳光下的笑容总是更易于人们的吸收与消化，相反，阴暗处的回眸也是记忆中难以挥去的落寞。

两年的英国学习生活，徐志摩看到了社会阴暗丑恶的一面，那样的生活极端痛苦，仿佛在剑桥的淡然中，才有一呼一吸的生命味道，也只有大自然的纯净才能带给他诗一般生存的希望。徐志摩不是医者，亦不是战士，他没有拯救世界的能力，却有一份坚定不移的责任和决心。医治社会思想的良药就是"离却堕落的文明，回向自然的单纯"，也只有自然之美、之纯、之清才能够稚化人性，缓和病象，至少，徐志摩是这样认为的。

在剑桥大学，徐志摩所接受的是资产阶级式贵族教育，那种"吸烟文化"传承给徐志摩，又或者说传承给整个世界莘莘学子的，是一种别样的情怀。对此，徐志摩曾这样有感而发：

吸烟与文化

（一）

牛津是世界上名声压得倒人的一个学府。牛津的秘密是它的导师制。导师的秘密，按利卡克教授说，是"对准了他的徒弟们抽烟"。真的，在牛津或康桥地方要找一个不吸烟的学生是很费事的——先生更不用提。学会抽烟，学会沙发上古怪的坐法，学会半吞半吐的谈话——大学教育就够格儿了。"牛津人""康桥人"：还不觳斗吗？我

如其有钱办学堂的话，利卡克说，第一件事情我要做的是
造一间吸烟室，其次造宿舍，再次造图书室；真要到了有
钱没地方化的时候再来造课堂。

（二）

怪不得有人就会说，原来英国学生就会吃烟，就会懒
惰。臭绅士的架子！臭架子的绅士！难怪我们这年头背心
上刺刺的老不舒服，原来我们中间也来了几个叫土巴菰烟
臭薰出来的破绅士！

这年头说话得谨慎些。提起英国就犯嫌疑。贵族主
义！帝国主义！走狗！挖个坑埋了他！

实际上事情可不这么简单。侵略、压迫，该咒是一件事，
别的事情可不跟着走。至少我们得承认英国，就它本身说，是
一个站得住的国家，英国人是有出息的民族。它的是有组织的
生活，它的是有活气的文化。我们也得承认牛津或是康桥至少
是一个十分可羡慕的学府，它们是英国文化生活的娘胎。多少
伟大的政治家、学者、诗人、艺术家、科学家，是这两个学府
的产儿——烟味儿给薰出来的。

（三）

利卡克的话不完全是俏皮话。"抽烟主义"是值得研
究的。但吸烟室究竟是怎么一回事？烟斗里如何抽得出文
化真髓来？对准了学生抽烟怎样是英国教育的秘密？利卡
克先生没有描写牛津、康桥生活的真相；他只这么说，他
不曾说出一个所以然来。许有人愿意听听的，我想。我也

叫名在英国念过两年书，大部分的时间在康桥。但严格的
说，我还是不够资格的。我当初并不是像我的朋友温源
宁先生似的出了大金镑正式去请教薰烟的：我只是个，比
方说，烤小半熟的白薯，离着焦味儿透香还正远哪。但我
在康桥的日子可真是享福，深怕这辈子再也得不到那样蜜
甜的机会了。我不敢说康桥给了我多少学问或是教会了我
什么。我不敢说受了康桥的洗礼，一个人就会变气息，脱
凡胎。我敢说的只是——就我个人说，我的眼是康桥教我
睁的，我的求知欲是康桥给我拨动的，我的自我的意识是
康桥给我胚胎的。我在美国有整两年，在英国也算是整两
年。在美国我忙的是上课，听讲，写考卷，啃象皮糖，看
电影，赌咒。在康桥我忙的是散步，划船，骑自转车，抽
烟，闲谈，吃五点钟茶、牛油烤饼，看闲书。如其我到美
国的时候是一个不含糊的草包，我离开自由神的时候也还
是那原封没有动；但如其我在美国时候不曾通窍，我在康
桥的日子至少自己明白了原先只是一肚子颟顸。这分别不
能算小。

　　我早想谈谈康桥，对它我有的是无限的柔情。但我又
怕亵渎了它似的始终不曾出口。这年头！只要"贵族教
育"一个无意识的口号就可以把牛顿、达尔文、米尔顿、
拜伦、华茨华斯、阿诺尔德、纽门、罗刹蒂、格兰士顿等
等所从来的母校一下抹煞。再说年来交通便利了，各式各
种日新月异的教育原理、教育新制翩翩的从各方向的外洋

飞到中华，那还容得厨房老过四百年墙壁上爬满骚胡髭一类藤萝的老书院的一起来上讲坛？

（四）

但另换一个方向看去，我们也见到少数有见地的人，再也看不过国内高等教育的混沌现象，想跳开了蹂烂的道儿，回头另寻新路走去。向外望去，现成有牛津、康桥青藤缭绕的学院招着你微笑；回头望去，五老峰下飞泉声中白鹿洞一类的书院瞅着你惆怅。这浪漫的思乡病跟着现代教育丑化的程度在少数人的心中一天深似一天。这机械性、买卖性的教育够腻烦了，我们说。我们也要几间满沿着爬山虎的高雪克屋子来安息我们的灵性，我们说。我们也要一个绝对闲暇的环境好容我们的心智自由的发展去，我们说。

林玉堂先生在《现代评论》登过一篇文章谈他的教育的理想。新近任叔永先生与他的夫人陈衡哲女士也发表了他们的教育的理想。林先生的意思约莫记得是想仿效牛津一类学府；陈、任两位是要恢复书院制的精神。这两篇文章我认为是很重要的，尤其是陈、任两位的具体提议，但因为开倒车走回头路分明是不合时宜，他们几位的意思并不曾得到期望的回响。想来现在的学者们太忙了，寻饭吃的，做官的，当革命领袖的，谁都不得闲，谁都不愿闲，结果当然没有人来关心什么纯粹教育（不含任何动机的学问）或是人格教育。这是个可憾的现象。

　　我自己也是深感这浪漫的思乡病的一个；我只要——

　　"草青人远，一流冷涧……"

　　但我们这想望的境界有容我们达到的一天吗？

　　徐志摩是如此喜爱英国，喜爱英国名士的交际圈，他就像是贴在剑桥的一张中国名片，呈现的是自己，渲染的是剑桥。整个剑桥时期，徐志摩的思想大跨越式转变，如果说之前的文学涉猎是兴趣的转移，那么此时的灵性便是自我的使然。徐志摩更加理想化了，他甚至渴望自己成为一个"不可教训的个人主义者"。剑桥的自然与人文环境如同跳动的音符奏响了一代诗人的文学乐章，徐志摩不仅自己创作诗歌、散文等各类题材的文学作品，同时开始大量阅读和翻译世界文学著作。经他翻译的名著有数篇，德国福凯的小说《涡堤孩》，法国中古时的一篇故事《吴嘉让与倪阿兰》，意大利作家邓南遮的《死城》和伏尔泰的作品《赣第德》……心灵革命的怒潮，尽情冲泻在剑桥妩媚河中的两岸，徐志摩的方向，瞬间从美国的汉密尔顿跳跃至翡冷翠的一夜，而他与剑桥的情感，与文学的亲近，似乎刚刚开始。

　　历史上考证而知，1920年就读于剑桥，是徐志摩有生以来三次与剑桥"亲密接触"的第一次；到了1921年，徐志摩正式成为剑桥国王学院"文学与伦理学"的学生后，他的兴趣从政治学、经济学、社会学与历史学，转移到文学，并且开始写诗。徐志摩在英国待了两年，其中四分之三的光阴留给了剑桥。1925年，正值徐志摩与陆小曼的感情考验期，他在去苏联和英国两地考察时，特意转个弯，去拜访了昔日的恩师级挚交狄更生先生，此为徐志摩第二次踏足英国剑桥。1928年，徐志摩从英国归国已有六年之久，这六年的光景浪费了诗人对生活和美的一切憧憬，特别是经历了离婚、失恋和再婚，徐志摩曾认为至高无上的爱情也渐渐失去了它的神采，换来的是几乎已经幻灭成空的思想。所以，徐志摩选择了第三次踏足剑桥，也是为自己寻一处疗伤之地。因为之后的飞机失事，这第三次剑桥行也就成了最后一次，而这次从英国回来后所创作的《再别康桥》，也成为徐志摩一生著作的精髓。

肆

新月梦，仿佛初见

惊现它的明艳

20世纪的二三十年代，可谓文艺才俊最"任性"的年代："挥一挥衣袖"的风采；"它一展翅，冲破浓密，化一朵彩云"的逍遥；"生活逼成了一条甬道：一度陷入，你只可向前"的不置可否；"风挟着灰土，在大街上小巷里奔跑"的坚持；"如同封锁在壁橡间的群鼠，追逐着，追求着黑暗与虚无"的无奈；"我不知道风是在哪一个方向吹"的迷惘；"他在为你消瘦，那一流涧水"的付出；"睁大了眼，什么事都看分明"的透彻；"我爱，那时间你我再不必张皇"的冷漠；"恩情，痛苦，怨，全都远了"的洒脱……仿佛弹指一挥，便呈现了一首佳作，堪称绝唱。几个诗人聚在一起吃吃喝喝、高谈阔论和抒发自我情愫，一个流派便这样形成了，是不是有些奇妙？

是的，影响了几个时代的新月社，正是在徐志摩、胡适、陈西滢、丁文江、闻一多等人的一次聚会上"成立"的。

　　1920—1922年间，徐志摩受到了来自感情上的"重口味"洗礼，先是遇见了所谓的人生最爱林徽因，甚至不假思索叹之："我将于茫茫人海中访我唯一灵魂之伴侣，得之，我幸；不得，我命，如此而已。"接着毫无征兆地与"结发"张幼仪来了一场史上首例"因为没有爱，所以要分开"的离婚。随后他收到恩师梁启超整封充斥着严厉教训的信函："其一，万不容以他人苦痛，易自己之快乐。弟之此举，其于弟将来之快乐能得与否，殆茫如捕风，然先已予多数人以无量之苦痛。其二，恋爱神圣为今之少年所乐道。……兹事盖可遇而不可求。……况多情多感之人，其幻想起落鹘突，而得满足得宁帖也极难，所梦想之神圣境界恐终不可得，徒以烦恼终其身已耳。呜呼志摩！天下岂有圆满之宇宙？……当知吾侪以不求圆满为生活态度，斯可以领略生活之妙味矣……若沉迷于不可必得之梦境，挫折数次，生意尽矣，郁悒佗傺以死，死为无名。死犹可也，最可畏者，不死不生而堕落至不复能自拔。呜呼志摩，无可惧耶！无可惧耶！"此时的徐志摩，还未获得红颜林徽因的"秋波"，却在老师、家人的极力反对下毅然与张幼仪离了婚，其情感和思想上的焦灼可想而知。

　　世人说，越是文艺人，情感越来得迅猛且又周折，想必，徐志摩等诗人的灵感也多半来自情感的周折吧。徐志摩就在这个时期比较纷乱的社会和心情影响下，频繁地和他的诗界小伙伴们聚会。志趣相投的人更容易产生思想上的共鸣，也更容易碰撞出梦的火花。

　　这种没有设定周期的聚会，通常在北京石虎胡同的一处出租房内举办，因此，这里也就成了他们相对固定的活动场所，也就是

"新月社"的雏形。他们的聚会和交谈，有些类似于我们现在接触到的"头脑风暴"——一群人就着一个或多个问题展开破天荒的讨论，最终形成风暴后的结果——创意、方案……抑或高端大气上档次，抑或低调奢华有内涵。

为了诗歌，为了友谊，这个北京石虎胡同的小出租房成为徐志摩等人创作佳作的诗巢——也就是现今社会比较常见的"工作室"。只不过，徐志摩的"工作室"底子很厚，含金量极高。

徐志摩的"工作室"，不谈政治，也非纯文艺，文艺创作是产出结果，但并不是核心理念，始建初衷是为了写戏和演戏。后来，为了迎接泰戈尔访华，徐志摩在小院的门口挂上了一个牌子——新月社，而"新月"这个名字，也是徐志摩根据偶像泰戈尔的《新月集》而起的。简单的"挂牌"动作似乎印证了徐志摩等人对新月社的轻描淡写，恐怕这些文学巨匠也没有想到，当初的一个小型聚餐会，居然发展成为影响整个文学界的大型社团，甚至从思想和作品的影响上看，已经左右了文化界，引领了几个时代的文学风向标。

徐志摩曾淡言："我们想做戏，我们想集合几个人的力量，自编戏自演，要得的请人来看，要不得的反正是自己好玩。"如果一定要给新月社做一个概念描述的话，"注重灵魂的表达及对美的诠释"更符合新月社的格调。

新月社的"性子"自然与创办者之一徐志摩有一拼，况且，其中的成员也都是与之诗味相投的志同道合者。尽管"新月社"与"新月派"形似，但内涵却也有所不同。

新月社与新月派的对比

	新月社	新月派
性质	中国现代文学史上影响较大的一个文学社团。	现代新诗史上一个重要的诗歌流派。
前期	1923年以聚餐会形式出现，后来发展为俱乐部。1924年12月，创办《现代评论》；1925年10月到1926年10月，编《晨报副刊》，办《诗镌》《剧刊》。1926年4月，徐志摩在《晨报副刊》上开辟的《诗镌》作为他们代表性的刊物，宣称"要把创格的新诗当作一件认真事情做"。	1926年春，以北京的《晨报副刊·诗镌》为阵地，主要成员闻一多、徐志摩、朱湘、饶孟侃、孙大雨、刘梦苇等不满于"五四"以后"自由诗人"忽视诗艺的作风，提倡新格律诗，主张"理性节制情感"，反对滥情主义和诗的散文化倾向，从理论到实践上对新诗的格律化进行了认真的探索。
后期	1926年秋，北伐战争进入高潮，新月社成员有的南下，有的出国，俱乐部的活动遂告终止。1927年春，新月社的原骨干胡适、徐志摩、余上沅等人筹办新月书店。1928年3月，创办《新月》月刊，新月社的活动由此而正式开始。1931年11月，新月社的发起人和骨干徐志摩坠机身亡，该社活动日衰。1933年6月，《新月》杂志出至第4卷第7期后停刊，书店为商务印书馆接收，新月社便宣告解散。	1927年春，"新月派"主要活动转移到上海，以《新月》月刊和1930年创刊的《诗刊》季刊为主要阵地，新加入成员有陈梦家、方玮德、卞之琳。1933年6月，随着《新月》月刊的停刊，新月派的整个活动也就终止了。
代表人物	梁启超、胡适、徐志摩、余上沅、丁西林、林徽因、罗隆基、梁实秋、潘光旦、储安平、刘英士、张禹九、闻一多、邵洵美、陈西滢等。	徐志摩、闻一多、胡适、梁实秋、朱湘、饶孟侃、刘梦苇、于赓虞等。

续表：

	新月社	新月派
影响	新月社还介绍了莎士比亚、哈代、勃朗宁夫人、豪斯曼、曼斯菲尔德、易卜生、奥尼尔、波德莱尔、魏尔伦、布莱克等西方各种流派作家及西方现代诗人。他们的这些艺术活动、介绍及创作实践，对于新文学的艺术发展有一定的历史贡献，但是他们的一些成员的艺术思想上所表现的"为艺术而艺术"的倾向和创作中庸俗颓废的气息，也对当时的文艺运动和创作产生了不良的影响。	1.新月诗派的新格律诗理论出现在中国新诗艺术迫切需要进一步深入发展的重要时期，新月诗派主张新诗创作态度的理性和严谨，倡导新诗格律化，化解了白话诗的生存危机和新诗坛的混乱。 　　2.新月派在新诗史上第一次提出了完整的新诗理论，并在创作上进行了卓有成效的实验，应当说新诗艺术的真正建立是自新月派开始的。尤其是"三美理论"是在充分研究和尊重诗歌艺术内在规律的基础上建立的新诗的美学标准，是对新诗发展问题的最早的系统、科学的认识。 　　3.新月派的诗歌理论和实践对后来中国新诗的发展产生了深远的影响。不仅是留下了一批脍炙人口的佳作，产生了像闻一多、徐志摩、朱湘、林徽因等诗坛上耀眼的星辰，更在于催生了新的诗派——现代主义诗派。

牵起手，闭着眼也不会迷路

　　1925年，徐志摩正式接手群龙无首的《晨报副刊》。此时的徐志摩或许有资本"春风小得意"一番了，一边是自己的小团体新月社，一边是可以施展文学抱负的园地，特别是在新月社"名存实亡"的那段时间里，徐志摩几乎将全部的热忱都投入到《晨报副刊》的生命线上。

　　其实，徐志摩一直以来对创办文学刊物有着情怀，很早以前，他就想创办一份报纸，只不过，现实总会与理想正面交锋后毫不情愿地擦肩而过。早在1923年春，老师梁启超就曾经推荐徐志摩担任《时事新报》副刊《学灯》的编辑，作为"五四" 新文化运动中的四大著名副刊之一，徐志摩终与其失之交臂。1923年冬，"二舅哥"张君劢组织成立了理想会，并计划创办《理想》月刊，他首先想到了妹夫徐志摩，虽然徐志摩跟妹妹张幼仪无缘再续夫妻情，但亲人做不成，友人还是有分量的。只可惜，随着计划的破灭，徐志摩约稿《理想》的理想也付诸东流了。1924年，徐志摩决心在不依附任何人的情况下独立创办《新月》周刊或月刊，希望在新月社之后再给业界袭一次文学热潮，只不过，最终还是未能实现。泰戈尔访华期间，这位印度学者一度建议徐志摩创办一份英文刊物，不用周刊或月刊，季刊就可建造一条沟通中国与世界的桥梁，然而由于徐志摩自己的"心未定"，这个愿望也未能实现。

"五四"时期之"四大副刊"

上海《时事新报》副刊《学灯》	1918年创刊。初由张东荪主编，后继主编有俞颂华等。曾刊载过讨论社会主义的征文、李大钊等人的文章和郭沫若的诗作，以自己独特的风格在思想史、文学史和报刊史上留下了许多有意义的话题。
北京《晨报》副刊《晨报副镌》	在李大钊的指导下，从1919年起《晨报》进行改革，增加了介绍"新修养、新知识、新思想"和马克思主义的副刊，成为积极参加新文化运动、传播社会主义的园地。李大钊为它撰稿数十篇。1921年，该副刊改为单张出版，刊名"晨报副镌"，孙伏园主编，鲁迅在上面发表过《阿Q正传》，在思想文艺界有着广泛影响。1925年，由徐志摩任主编。
上海《民国日报》副刊《觉悟》	1919年，由邵力子主编，后单独发行。大力宣扬反封建的民主主义思想，并开始介绍社会主义，很受青年欢迎。中共上海发起组成立后，其成员邵力子、陈望道等继续积极参与编撰。
北京《京报》副刊《京报副刊》	创刊于1924年，孙伏园主编。1926年，随着邵飘萍被害而停刊。鲁迅经常为它撰稿。该刊宣传反帝反封建思想，支持群众爱国运动，提倡新文化，曾与"甲寅派""现代评论派"展开论战，影响广泛。

　　徐志摩自己都憎恶自己的那份不够坚持和不定心性，所以，当他能够成为"五四"时期四大副刊之一的《晨报副刊》的主编后，他将几乎所有的心都交付于此的那份付出也就能够理解了。

　　1925年10月1日，徐志摩编辑的《晨报副刊》开始出版问世。首期上，徐志摩发表了《我为什么来办，我想怎么办》一文，详细交代了自己接办的过程，并向读者表明了自己的公正立场：

> 　　……但我自问我决不是一个会投机的主笔，迎合群众心理，我是不来的，谀附言论界的权威者我是不来的，取媚社会的愚暗与褊浅我是不来的；我来只认识我自己，只知对我自己负责任，我不愿意说的话你逼我求我我都不说的，我要说的话你逼我求我我都不能不说的：我来就是个全权的记者……我自己是不免开口，并且恐怕常常要开口，不比先前的副刊主任们来得知趣解事，不到必要的时候是很少开口的……

　　徐志摩特意用更多的笔墨介绍一番他那个会各地语言，从音乐到玄学无所不精的多才多艺的朋友赵元任。不过，徐志摩的心思可没那么"纯良"，他先是"引诱"赵元任上钩，为他的《晨报副刊》"专职"写稿，甚至还为赵元任特辟一栏，允许他"天南地北地乱说"。但为了避免赵元任"违约"，徐志摩迫不及待地在接管《晨报副刊》的第一天就公开发布广告，让世人都知道赵元任在《晨报副刊》上有一个专栏，且每一期都有，这样，徐志摩就不用担心稿子的问题了。可见，"一将难求"在任何一个历史时期都是必然存在的求贤若渴的现象。

接管《晨报副刊》后，徐志摩交友广泛的优势着实派上了用场，加上徐志摩虚心、积极地向文艺界、知识界的著名学者、专家约稿，《晨报副刊》的质量和声誉直入巅峰。

清华国学研究院著名"四大导师"中的梁启超、赵元任，曾任《政治学报》主笔的张奚若，上海的郭沫若、吴德生、张东荪，武汉的郁达夫、杨振声等，美术界的姚茫父、余越园，对西洋艺术有研究的刘海粟、钱稻孙、邓以蛰，戏剧家余上沅、赵太侔，地质学家翁文灏，科学家任叔永，音乐家萧友梅，文学家闻一多，考古学家李济之，曾游学欧洲的金龙荪、傅孟真、罗志希，德国回来的宗白华，法国回来的江西谢，以及徐志摩的挚友胡适、陈西滢、张歆海、丁西林、陈衡哲、凌叔华、陶孟和、江绍原、沈性仁等，都对《晨报副刊》的发展起到了至关重要的积极作用。

《晨报副刊》在孙伏园与徐志摩主编时期的不同特征

孙伏园 主编时期	《晨报副刊》在孙伏园主编的时期，在报纸正张渐渐失去进步作用的情况下，继续致力于发展新文学，保持了它在思想界、文化界的广泛影响。鲁迅在这里共计发表了50余篇作品，包括小说《阿Q正传》、《不周山》（后改名《补天》）和《肥皂》，以及杂文、学术论文和译文。这时期的小说作者主要有冰心、徐玉诺、郁达夫、许钦文、庐隐、蹇先艾、黎锦明等。周作人的杂文已形成独特风格，他在《自己的园地》专栏里最早写出一批文艺评论文章。冰心连续发表《寄小读者》的篇章。其他散文作家有郁达夫、瞿秋白、孙伏园、川岛、冯文炳（废名）、裴文中、钱玄同、江绍原、林玉堂（林语堂）等。汪静之、冯雪峰、应修人等湖畔派的诗作，冰心的《繁星》《春水》两组小诗，都颇有影响。新诗人还有胡适、康白情、徐玉诺、俞平伯、周作人、王剑三（王统照）、刘大白、孙席珍、焦菊隐、蹇先艾，而徐志摩的诗在《晨报副刊》上也日见其多。此时，陈大悲翻译、撰写了较多文章，发起非职业的爱美的戏剧运动。陈大悲、熊佛西、蒲伯英的剧本，余上沉的《过去二十二戏剧名家及其代表杰作》的介绍，以及关于男女合演的讨论，都推动着这场戏剧运动。从1923年6月1日到1925年9月25日，王统照主编文学研究会在京刊物《文学旬刊》（见《文学周报》）也附在《晨报副刊》上出版。它与改革后的《小说月报》一道，促成了文学研究会作家群的形成，显示出现实主义文学的特色。

徐志摩 主编时期	《晨报副刊》于1925年10月1日由徐志摩接编首发后，即呈现资产阶级自由主义倾向。"仇友赤白"问题（排俄联俄与共产主义适否中国）的提出，标明它在政治上的倒退。关于"闲话"的争论把矛头指向鲁迅等人。但在"五卅"运动、"三·一八"惨案上，其仍基本上持进步态度。此时的写作队伍改由一部分文学研究会作家和后来被称为新月派的作家组成。小说、散文的作者有王统照、彭家煌、焦菊隐、闻国新、尚钺、李健吾、许杰、刘大杰、王希仁、凌叔华、徐志摩、庐隐、许跻青等。一部分人多以散漫感伤的笔触写身边琐事，抒发青年知识者爱的苦闷。蹇先艾等善写下层平民的疾苦。胡也频、张天翼的早期作品具特异色调。沈从文从这里登上文坛，诗文并重，创作力旺盛。诗歌作者主要有徐志摩、闻一多、于赓虞、朱湘、刘梦苇、朱大枬、饶孟侃等。1926年4月1日，徐志摩用《晨报副刊》的篇幅创刊《诗镌》（共11期），同年6月17日创刊《剧刊》（共15期），都有一定影响。特别是倡导新格律体诗，对新诗发展有促进作用。

对于《晨报副刊》的称呼，最初欲名为"晨报副刊"，是孙伏园接替李大钊编辑《晨报》副刊时请鲁迅起的，但是，书法家在报头上不小心将"晨报副刊"写成了"晨报副镌"。后来徐志摩接替孙伏园后又将《晨报副镌》改回原来的《晨报副刊》，自此，"副刊"一词方始确定下来。

纵观《晨报副刊》，无论是李大钊时期，还是孙伏园时期，抑或是后来的徐志摩时期，《晨报》改革第 7 版（即《晨报副刊》）之后，开创了中国现代报纸副刊进行民主性改革的先河。办好报纸的副刊，成为中国现代报刊史以及文学史上一个特殊且有重要意义和影响的"现象"。

每一次收获都蕴含着巨大的努力

徐志摩在掌管《晨报副刊》期间，除了引领了新诗潮，还干了一件大事——酝酿了中国当代文学史上著名的"闲话之争"。

徐志摩并不是一个"爱管闲事"的人，他一心一意想着他的诗歌与文学，更想将刚接手的《晨报副刊》发扬光大，这才是才子徐志摩的理想。那么，想要创办好它，势必要了解其他同类"竞争对手"。那个时候的文学报刊颇多，徐志摩几乎每一份优秀的报刊上的优秀作品都要浏览一番，甚至不惜在自己的《晨报副刊》上腾出地方供文学爱好者尽情挥洒情怀。一次，徐志摩看到《现代评论》上好友陈西滢（原名陈源，在《现代评论》上笔名为"西滢"）在《闲话》专栏上发表的《法郎士先生的真相》一文。

其实，当时的徐志摩也计划着写一篇关于法朗士（法郎士今译）的文章。这位法国作家、文学评论家、社会活动家阿纳托尔·法朗士（1844—1924）先生，其强大的内心被法国唯心主义历史学家列南的"人类永远也不能接近真理"的思想牢牢禁锢着。因此，法朗士先生的作品多流露出历史循环论、社会改造徒劳无益论的悲观情绪，甚至对社会的丑恶积极"嘲讽"，严厉抨击。

陈西滢撰写的《法郎士先生的真相》更多体现出作者本人的"闲来无事调侃"的风格，本就是一则"闲话"，也没有引起什么风浪，但是徐志摩却在他的《晨报副刊》上发表了一文《〈闲话〉引出来的闲话》，创作风格完全是大赞好友陈西滢，如同对《法郎士先生的真相》发布了一条影响力巨大的品牌广告般，将陈西滢和他的"闲话"助推到了风口浪尖。

　　一个人容易把自己太看重了。西滢是个傻子；他妄想在不经心的闲话里主持事理的公道，人情的准则。他想用讥讽的冰屑刺灭时代的狂热。那是不可能的。他那武器的分量太小，火烧的力量太大。那还不是危险，就他自己说，单只白费劲。危险是在他自己，看来是一堆冰屑，在不知不觉间，也会叫火焰给灼热了。最近他讨论时事的冰块已经关不住它那内蕴或外染的热气——至少我有这样感觉。……

　　"阿哥，"他的妹妹一天对他求告，"你不要再做文章得罪人家了，好不好？回头人家来烧我们的家，怎么好？""你趁早把你自己的东西，"闲话先生回答说，"点清了开一个单子给我，省得出了事情以后你倒来向我阿哥报虚账！"

　　果然他有了觉悟，不再说废话了。本来是，拿了人参汤喂猫，她不但不领情，结果倒反赏你一爪。　不识趣的是你自己。当然，你得知趣而且安分——也为你自身的利益着想。你学卫生工程的，努力开阴沟去得了。你学文学的，尽量吹你的莎士比亚、葛德（今译歌德）、法郎士去得了。

——节选自《〈闲话〉引出来的闲话》
（徐志摩发表于1926年1月13日的《晨报副刊》）

　　徐志摩的文字，既称赞友人文章的"可羡慕""妩媚"，还用了一定篇幅歌颂陈西滢那份如同法朗士先生的自由的人生态度。因为徐志摩的赞誉，使得一些与陈西滢素来不和睦的"语丝派"[①]甚为不满。

　　下一期的副刊上，"语丝派"的周作人就以"岂明"为笔名发表了异议。

　　徐志摩自然不能就此罢休，他在"岂明"的后面附了一篇回文《再添几句闲话的闲话乘便妄想解围》，尽显留洋回来的文学创作者们的英美派审美思路：

　　　岂明先生不以为然，说我不但夸错，并且根本看错

---

① 语丝派是中国现当代文学史上非常重要的文学流派，以鲁迅、周作人、林语堂等为代表作家，以散文创作为特色，以"语丝社"为阵地，在中国思想文化革命、新文学创造上做出了重要建树。

了。按他的意思，似乎把西滢这样人与法郎士放在一起讲（不说相比），已够亵渎神明。

我生性不爱管闲事倒是真的。我懒，我怕烦。有人告我这长这短，我也就姑妄听之。逢着是是非非的问题，我实在脑筋太简单，闹不清楚，我也不希罕闹清楚。说实话，我不觉得我负有什么"言责"，因此我想既然不爱管闲事就甘脆不管闲事，那决不至于是犯罪的行为。这来我倒反可以省下一点精力，看我的"红的花，圆的月，树林中夜叫的发痴的鸟"，兴致来时随口编个赞美歌儿唱唱，也未始不是自得其乐的一道。

如此这般，"闲话之争"热闹一时，而徐志摩在中间，说什么"不是"，什么也不说还"不是"，接二连三下来，"闲话派"的陈西滢与"语丝派"的周作人算是新仇旧恨一起爆发了，而双方阵营的"亲友团"也不甘示弱。再后来，徐志摩发觉，这个"闲话之争"已经愈演愈烈了，他想息事宁人，但却难以见缝插针，后来，徐志摩非常诚恳地书信一封给周作人：

关于这场笔战的事情，我今天与平伯、绍原、今甫诸君谈了，我们都认为有从此息争的必要，拟由两面的朋友们出来劝和，过去的当是过去的，从此大家合力来对付我们真正的敌人，省得闹这无谓的口舌，倒叫俗人笑话。

只不过，徐志摩希望争端就此结束的愿望没有实现，笔杆子里爆发出来的烟雾弹更呛人。到了1926年2月，徐志摩实在觉得无能为力的时候，决定南下回老家"避避风头"，将《晨报副刊》交由江绍原暂为代编。

最后，还是鲁迅先生出面做结，此次争端才告一段落。表面上看，这是两个文学流派的口水战，实际上，恰是日本留学生与英美留学生之间的不同理念之争。一不小心，徐志摩卷入了这场毫无硝烟的"战争"中，也十分机缘巧合地"拉拢"了一大批英美留学派系进入到了新月派。这算不算是因祸得福呢？

踮起脚就更能接近阳光

《晨报副刊》仿佛就是徐志摩和他那群把玩文字情感的小伙伴们的"释放空间"，负责管理这个"空间"的徐志摩暂且不说，1925年从美国留学归来的闻一多可谓将《晨报副刊》当成自己的诗本子，不吐不快。在徐志摩的引荐下，闻一多回国后直接留在了国立艺术专科学校担任教务长，与此同时，对于新月社的活动也积极参加，"拉拢"一些爱好文学创作的青年一起作诗、谈诗。1926年春夏之际，爱好文学创作的青年中的刘梦苇发出倡议——创办一份如文学研究会的《诗》一样的刊物。徐志摩主编的《晨报副刊》就被闻一多"征用"了一席宝地。闻一多和徐志摩是何许人也，他们煞费苦心创办的文学新潮是一定要崭露头角的。于是，1926年4月1日，诗坛巨子徐志摩和闻一多主导的《诗镌》出炉了。

《诗镌》就是一个诗界太阳，将所有朝气蓬勃的诗人的光和热吸纳过来，陈西滢、梁实秋、朱湘、孙大雨等一批民国诗人都会聚在一起进行诗歌品鉴与创作，形成了影响世界文学界的新诗潮——新月派（又称新格律诗派）。

新格律诗派代表作《死水》
闻一多

这是一沟绝望的死水，

清风吹不起半点漪沦。

不如多扔些破铜烂铁，

爽性泼你的剩菜残羹。

也许铜的要绿成翡翠，

铁罐上锈出几瓣桃花；

再让油腻织一层罗绮，

霉菌给他蒸出些云霞。

让死水酵成一沟绿酒，

飘满了珍珠似的白沫；

小珠们笑声变成大珠，

又被偷酒的花蚊咬破。

那么一沟绝望的死水，

也就夸得上几分鲜明。

如果青蛙耐不住寂寞，

又算死水叫出了歌声。

这是一沟绝望的死水，
这里断不是美的所在，
不如让给丑恶来开垦，
看他造出个什么世界。

从《诗镌》主创人之一闻一多的《死水》中不难看出，隶属于新格律诗的诗歌中大多彰显出"理性节制情感"的美学原则。这类诗歌特别主张诗和情感上的色彩美与意境美。创作上是一首诗歌，意境上更像是一幅色彩斑斓的画作，凝结了美好的情愫与鲜明的艺术，像一座古典又底蕴深厚的建筑，在动听的乐章中肆意狂舞。

新月诗派对中国新诗歌的发展起到了举足轻重的作用，在整个民国时期的文人中，甚至在整个中国近现代史上的文学发展中引领了一股新潮。这个结合了北大徐志摩与清华闻一多在国内的造诣，更凝结了他们取自西方文化中的精粹，以欧美意识形态和文学背景相结合出来的诗派，正是民国时期中国文学的极大创新与集成。

1926年5月，闻一多在《诗镌》上发表了《诗的格律》一文，将新月派"晋级"到了"三美"，也代表了新格律诗主导"三美"的情怀，即建筑美、绘画美和音乐美，以批评恶滥的感伤主义和过头的浪漫主义，提倡格律；引申绘画艺术理论到诗歌创作当中，强调艺术形式的重要性。"三美"成为新格律诗派的经典理论，闻一多俨然成为新格律诗派最重要的人物。

　　不知道是不是徐志摩等人的"肆意张狂"吓到了那个时期的人们，抑或是真正懂得创作的诗人不屑于一纸刊物满满抒情，1926年4月1日至6月10日，70天的时间过去了，《诗镌》宣布停刊，徐志摩"统领"《晨报副刊》的时代就此终结。70天，连植物的生长都不能实现饱满，但徐志摩和闻一多等人，却完成了新月派理论意义上的建树。徐志摩在新月派的70天"花期"里，起到了最强的营养促长作用：首期两刊《诗镌》便是徐志摩亲自主编，原计划几个"合伙人"每人主编两期，但闻一多主编第三、四期之后，饶孟侃只主编了第五期，自第六期开始便又是徐志摩一人任劳任怨地主编着。第六期《诗镌》出刊后，原计划两周一次的"聚会"也无形中成为泡影。要知道，这样重要的聚会主旨就是互相传阅稿件进行审稿、校对和讨论的，就这样无形消失，等同于全部的工作聚集在徐志摩一人的身上。

　　实际上，70天的《诗镌》共出刊了11期，其中有8期是徐志摩一人独立主编完成的，并且没有丝毫懈怠和任何怨言。可见，一位成熟的诗人，一位对诗歌充盈着满腔热忱丝毫不排斥的青年，他对诗歌的创作和传承是自信也是倾尽全力去实现的。徐志摩的这份努力和坚持，让我们终于懂得了，理想与信念如同阳光般充满着能量，而我们，只要向上努力一点，再努力一点，就能离这份光亮更近一些，再近一些。

　　这么热情洋溢的一群人，如此桀骜不驯的徐志摩，是怎么"允许"这个影响了整个时代的《诗镌》仅仅才存在了70天的呢？

　　提到"新"就离不开"大胆"，青春的萌动与向着理想的奔跑着实吓坏了那个时代太多的人和他们的观念，他们甚至都来不及追赶徐志摩等人的奔跑就累得不停地喘息了。

"一首诗的秘密也就是它的内含的音节，匀整与流动。""明白了诗的生命是在它的内在的音节的道理，我们才能领会到诗的真的趣味。""爱是不能没有的，但是不能太热了，情感不能不受理性的相当节制与调剂。"……徐志摩的言语中的真实惊醒了他自己——越是完美地打造，越是在极速的奔跑中遇见未知，徐志摩越是看得到"格律化"就是诗歌的命脉，也不得不承认"格律"的本身也是个矛盾体。诗人对诗的内容和形式上的把握并不是一件容易的事情，其中存在太多的变数了。

"我不惮烦的疏说这一点，就为我们，说也惭愧，已经发见了我们所标榜的'格律'的可怕的流弊！……所以说来我们学做诗的一开步就有双层的危险，单讲'内容'容易落了恶滥的'生铁门笃儿主义'或是'假哲理的唯晦学派'；反过来说，单讲外表的结果只是无意义乃至无意识的形式主义。就我们诗刊的榜样说，我们为要指摘前者的弊病，难免有引起后者弊病的倾向，这是我们应分时刻引以为戒的。"徐志摩坦言并担心着。

徐志摩的担心是有道理的，近代著名作家、戏剧家李健吾曾嘲笑说："徐志摩之流的格式是一种人工的技巧或拘束。"

世人的指责让徐志摩不得不更加努力去"挽救"新月诗派，可是，什么才是新月诗派的"救赎"呢？抒情附加客观化，创作形式科学化，艺术表现真实化……这些条条框框确实可以"规矩"一些新诗潮中的"滥竽充数"，但徐志摩是人，他不是神，他可以轻松地引领一个潮流，但却无法扭转这个潮流的走向和乾坤。加之，此时的徐志摩即便对事业再投入和热爱，他与陆小曼的感情"升温期"还是夺走了一些他对《晨报副刊》热忱的"余温"。尽管，这个潮流还来不及向世界展示它更多的美好就戛然而止了，但，正如梁实秋所言，"这是第一次一伙人聚集起来诚心诚意的试验作新诗"。徐志摩和他的伙伴们，还有他们创造出的新月诗派，对时代举足轻重。

坚持也是一种幸福

徐志摩在主编《诗镌》的同时，还操办着《剧刊》。这份事业里，他既是编剧，也是演员，徐志摩认为，引领新诗潮与培养新风气一样是救国运动。早在英国伦敦的时候，徐志摩就加入了"布卢姆斯伯里"集团，在剑桥的那段时期更是参加了"邪学会"，与英国文化圈的一大批知识分子着实"疯"了一回。

布卢姆斯伯里集团是20世纪二三十年代在英国伦敦最为活跃的一个社团集会组织，以画家、作家、美学家、艺术家、经济学家、政治学家为代表的成员组成一个以"聚会"为目的的高级知识分子群体。核心代表人物为英国女作家、文学批评家和文学理论家、意识流文学代表人物弗吉尼亚·伍尔夫和她的姐姐范奈莎，其朋友圈的含金量恐怕在世界内的任何团体中都堪称首屈一指了。围绕着弗吉尼亚姐妹周围的文化圈朋友还有英国形式主义批评家、西方现代主义美术的开山鼻祖、英国著名艺术史家和美学家罗杰·弗莱；英国著名画家邓肯·格兰特；英国作家莱昂纳德·伍尔夫（弗吉尼亚·伍尔夫的丈夫）；因开创经济学"凯恩斯革命"而称著于世的"宏观经济学之父"英国经济学家约翰·梅纳德·凯恩斯；作家G.L.狄更生；作家爱德华·摩根·福斯特等。这些英国文化界的宠儿的共性是反感所谓的"维多利亚英国"的美学趣味和道德习俗，并以"无限灵感，无限激情，无限才华"自居。

图4-1 1919年，邓肯·格兰特、凯恩斯和克莱夫·贝尔（自左至右）在查尔斯顿的花园

图4-2 邓肯·格兰特为弗吉尼亚·尼克尔森画的像

这个团体所影响的不仅仅局限于英国，我们甚至可以理解为，徐志摩等中国自英美留学归来的文学青年所衍生出来的"新月派"正是布卢姆斯伯里集团的"中国版"。这两个派别中的文人之间，有的结下了深厚的友谊，如徐志摩与罗杰·弗莱；有的还发展了一

段刻骨铭心的异国之恋，如凌叔华与弗吉尼亚的外甥、范奈莎的长子朱利安·贝尔。

正是这些"前辈"的熏陶，使徐志摩也想通过诗歌与戏剧的形式，从文艺领域来影响中国的政治生活。恰逢1924年印度诗哲泰戈尔访华，徐志摩和他的新月社导演了一部《齐德拉》，当时翻译为《契玦腊》。它是由泰戈尔的一个剧本改编而成的，一方面起到欢迎偶像的功效，另一方面，徐志摩也想通过这部自己参导参演的话剧来体现自我的主张："我们想做戏，我们想集合几个人的力量，自编戏自演，要得的请人来看，要不得的反正自己好玩。"

在《齐德拉》一剧中，徐志摩饰演爱神，女主角齐德拉则是由徐志摩的"绯闻情人"林徽因饰演，"岳父"林长民饰演春神，情敌梁思成负责舞台布景设计，"第二任妻子"（当时还没有展开爱情攻势）陆小曼则负责发售说明书，好友胡适兼任主持人一职……庞大的演员与剧务阵容可谓盛极一时！世人感叹："光这些布置，就叫人瞧着肃穆起敬，另有一种说不出的静美。林徽因一口流利的英语，清脆柔媚，真像一个外国好女儿。"

北京协和医院礼堂上演的《齐德拉》，是新月社戏剧活动中一次光辉极大的亮相。

1926年6月10日，徐志摩在《晨报副刊》上宣布停办了《诗镌》，一周后的6月17日再创《剧刊》，并发表重要创刊词《〈剧刊〉始业》。

我今天替《剧刊》闹场，不由的不记起三年前初办新月社

时的热心。最初是"聚餐会"，从聚餐会产生"新月社"，又从
新月社产生"七号"的俱乐部，结果大约是"俱不乐部"！这来
切题的唯一成绩就只前年四月八日在协和演了一次泰谷尔的《契
玦腊》，此后一半是人散，一半是心散，第二篇文章就没有做
起。所以在事实上看分明是失败……

——徐志摩《〈剧刊〉始业》节选

徐志摩认为："戏剧是艺术的艺术。因为它不仅包含诗、文
学、画、雕刻、建筑、音乐、舞蹈各类的艺术，它最主要的成分尤
其是人生的艺术。"他的这份"艺术+人生服务=综合性艺术"的资
产阶级文艺观深刻影响着当时的文学研究会，或者可以说，徐志摩
的主张与当时文学研究会的主张一样相似度极高。

徐志摩感叹："那一样艺术能有戏剧那样集中性的、概包性的
'模仿'或是'批评'人生？那一样艺术有戏剧那样打得透、钻得
深、摇得猛、开得足？小之震荡个人的灵性，大之摇撼一民族的神
魂，已往的事绩曾经给我们明证，戏剧在各项艺术中是一个最不可
错误的势力。"

创办《剧刊》，徐志摩有五大理由：其一，宣传国粹，给国人
给社会勾勒一个真实的剧的概念；其二，给喜欢戏剧和艺术的人一
个可以说话的空间，只要喜欢国粹，大可以在徐志摩的"地盘"高
谈阔论；其三，去其糟粕取其精华，凡是好的都值得借鉴，凡是有
瑕疵的都无须避讳；其四，对艺术的一种执着的追求和研究；其
五，推动创作，自我的创作与所有完美的创作。

徐志摩用自己独到的理解和通俗的比喻彰显出戏剧特有的魅力，一个来自我们"国粹"的精华内容。于是，徐志摩信心满满地坚持着国粹之爱，他说："我们想合起来做一点事。这回不光是'写'一两个剧本，或是'做'一两次戏就算完事；我们的意思是要在最短的期内办起一个'小剧院'——记住，一个剧院。"徐志摩还推荐闻一多任北京国立艺专的教务长，推举熊佛西成为北京国立艺专戏剧系的主任。放眼今天的国家大剧院、人民艺术剧院创造出的中国艺术，徐志摩和他的文化圈朋友可谓功不可没。

《晨报副刊》与《诗镌》的别离，并没有让徐志摩的"新月梦"破灭，这是一位内心何等强大的文学青年！此时此刻，"刊"场失意的徐志摩，情场上可谓得意至极，他终于幸福地牵起陆小曼的手一起步入婚姻殿堂。不得不承认，再不被认可的感情，再不被祝福的婚姻，只要坚持下去，也是一种幸福的收获。

由于感情上也牵扯了徐志摩不少的精力，《剧刊》只出版了15期就走向尾声。婚后，徐志摩携妻赴上海定居，并于1927年春，与挚友胡适、闻一多、邵洵美等人在上海筹建了新月书店，同时创办了《新月》月刊，徐志摩担任总编辑。自此，新月社后期活动就由北京转移到了上海。这个时期，也是徐志摩创作生涯中又一个里程碑式时期。

伍

结发妻，无爱无恨

初见，凌乱了谁的心田？

我们都知道，徐志摩初见林徽因的时候，她16岁，他23岁。徐志摩用他的诗歌赞美了林徽因和所有16岁少女的温婉娉婷，却唯独对自己第一个女人不屑一顾。其实，徐志摩的第一任妻子张幼仪，与徐志摩结婚的时候才15岁，也是一个情窦初开的苞蕾年华。但徐志摩从未对张幼仪正眼瞧过，这一鄙夷就是一生，从最初见到张幼仪的照片所说的那句"乡下土包子"开始。

1913年，徐志摩还在上中学，他在文学方面的才华已经开始显露。在思想和行文创作上，徐志摩高度欣赏梁启超，这或许就是他们师徒二人最初缘分的开始吧。徐志摩在校刊《友声》上发表了两篇文章：《论小说与社会之关系》和《镭锭与地球之历史》。其中，《论小说与社会之关系》大体上模仿梁启超的《论小说与群治之关系》。

论小说与群治之关系

欲新一国之民，不可不先新一国之小说。故欲新道德，必新小说；欲新宗教，必新小说；欲新政治，必新小说；欲新风俗，必新小说；欲新学艺，必新小说；乃至欲新人心，欲新人格，必新小说。何以故？小说有不可思议之力支配人道故。

吾今且发一问：人类之普通性，何以嗜他书不如其嗜小说？答者必曰：以其浅而易解故，以其乐而多趣故。是固然。

虽然，未足以尽其情也。文之浅而易解者，不必小说；寻常妇孺之函札，官样之文牍，亦非有艰深难读者存也，顾谁则嗜之？不宁惟是，彼高才赡学之士，能读《坟》《典》《索》《邱》，能注虫鱼草木，彼其视渊古之文与平易之文，应无所择，而何以独嗜小说？是第一说有所未尽也。小说之以赏心乐事为目的者固多，然此等顾不甚为世所重，其最受欢迎者，则必其可惊可愕可悲可感，读之而生出无量噩梦，抹出无量眼泪者也。夫使以欲乐故而嗜此也，而何为偏取此反比例之物而自苦也？是第二说有所未尽也。

吾冥思之，穷鞫之，殆有两因：

凡人之性，常非能以现境界而自满足者也；而此蠢蠢躯壳，其所能触能受之境界，又顽狭短局而至有限也；故常欲于其直接以触以受之外，而间接有所触有所受，所谓身外之身、世界外之世界也。此等识想，不独利根众生有之，即钝根众生亦有焉。而导其根器，使日趋于钝，日趋于利者，其力量无大于小说。小说者，常导人游于他境界，而变换其常触常受之空气者也。此其一。

人之恒情，于其所怀抱之想象，所经阅之境界，往往有行之不知、习矣不察者。无论为哀、为乐、为怨、为怒、为恋、为骇、为忧、为惭，常若知其然而不知其所以然；欲摹写其情状，而心不能自喻，口不能自宣，笔不能自传。有人焉，和盘托出，澈底而发露之，则拍案叫绝曰：善哉善哉！如是如是！所谓"夫子言之，于我心有戚戚焉"。感人之深，莫此为甚。此其二。

此二者实文章之真谛，笔舌之能事。苟能批此窾、导此窍，则无论为何等之文，皆足以移人。而诸文之中能极其妙而神其技者，莫小说若。故曰：小说为文学之最上乘也！由前之说，则理想派小说尚焉；由后之说，则写实派小说尚焉。小说种目虽多，未有能出此两派范围外者也。

——梁启超　写于1902年11月14日

徐志摩这两篇文章一经刊出，瞬间引起校园内外的轰动，无论是学生还是老师，无不感叹徐志摩思想上的前所未有和文笔上的妙趣生辉。校园内，学生们竞相传阅徐志摩的作品，校园外，即将有一位重量级人物闪亮登场，一个改变了徐志摩感情世界的"第一人"。

浙江都督朱瑞的秘书张嘉璈恰巧来到徐志摩所就读的府中做视

察工作，又恰好看到了徐志摩发表在校刊上的文章。劲秀洒脱的书写，意气纵横的行文，让张嘉璈瞬间有一种想认识撰写这篇文章的少年的冲动。

此次视察之后，张嘉璈果然第一个动作就是调查文章作者徐志摩的身世。当他得知徐志摩的父亲就是硖石首富、硖石商会会长徐申如时，他当机立断，将自己未出阁的妹妹选一个最好的嫁到徐家。

张嘉璈出生于1889年，祖父为晚清时期的县官，父亲是一位远近闻名的医生。虽然有那么一段时间，张家"家道中落"，但特别注重文化教育的张家对包括张嘉璈在内的12个孩子要求极为严格。张嘉璈是家里第四个儿子（共8男4女），可以说，张家的每一个孩子都成长得特别优秀。

大哥张嘉保是上海棉花油厂的老板；二哥张嘉森（君劢）是留日归国的有志青年，是国家社会党的创办人，是民国时期颇为活跃的政治家，曾任民主社会党中央主席；九弟张禹九，是20世纪30年代新月派诗人兼著名的新月书店的经理，在海派文坛中挺有名气；八弟张嘉铸是中国蔬菜公司的老板，中国近现代开发黄豆多种用途的先锋；二妹张嘉玢（幼仪）为中国第一家女子银行——上海女子商业储蓄银行的副总裁，还是南京路上著名的云裳服装公司的老板，也是徐志摩的以贤惠和忠厚闻名的第一任妻子；小妹张嘉蕊是服装设计师和知名的社会活动家。而张嘉璈本人则在中国近现代金融史上留下了浓重一笔。

所以，当张嘉璈将提亲的信函交给徐申如的时候，徐申如这位对金钱和数字特别敏感的商人几乎没有过多思考，便同意了这门亲事。当然，关于徐志摩和张幼仪的提亲故事，还有另外一个版本，是说蒋百里老先生为中间媒人，有一次与徐家父子见面，恰巧张嘉璈也在现场，这样，张嘉璈便对徐志摩"一见钟情"了。不过，不论是哪一种说法，都充分证明了一点，张嘉璈是一个伯乐，他眼中的徐志摩就是最优秀的"千里马"，这么好的家世背景和才情，不给张家做姑爷怎是个"情何以堪"能表述的心情。

张幼仪知道四哥给自己选了一位佳婿是她读女子中学的时候。就张家如此注重家教和子女学习的家族而言，能够迫使才女张幼仪放弃学业而去做少奶奶，这样的夫家背景，加上四哥的慧眼，张幼仪虽有疑虑，但从小就对兄长言听计从的她选择了顺从。

在那个"女子大门不出二门不迈"，遵从"父母之命，媒妁之言"的年代，张幼仪婚前未曾见过徐志摩本人，只见过一次他的照片。在张幼仪的印象里，那张照片上的男子，头很大，下巴很尖，脖子很细，显得有点支撑不住那么大的头的摇晃感，一副金色边框的眼镜后面，藏着的是渴望实践和探索新知的期许，仿佛没有什么样的世俗可以扭转这个才子的初心，只要坚定信念，他就会勇往直前。如果说，一张照片的"初见"，就断定了他是自己此生的归宿，张幼仪恐怕还不能那么笃定。毕竟，我们的女主人公也是一个接受过西式教育的知识女性。但，仅仅这一眼，着实还是吸引了15岁少女的芳心，幼仪羞涩地低下头，以此表示对这门亲事的认同。

与张幼仪持截然相反态度的徐志摩，在瞥一眼张幼仪的照片之后，就不愿意再看第二眼了。在他的想象里，妻子至少应该是与他有一样情怀的文艺女青年，而非这个"乡下土包子"。除此之外，让徐志摩最为反感的是，他和张幼仪的婚姻完全是张幼仪的四哥与自己那个经商的老爹一拍即合的结果，纯粹是一个"政商联姻"。张家看上了徐家的经济状况和徐志摩本人的文学底蕴；徐家看上了张家一家子政坛的显赫声名和地位。两家的联姻，无论是其中的哪一方，绝对都是各种利益的索取和满足。

凡事都推陈出新的徐志摩，自然对这样的政商联姻嗤之以鼻。虽不情不愿，可徐志摩还是遵从了父亲的意愿，退学回家举行婚礼。那一天是1915年12月5日，18岁的徐志摩与15岁的张幼仪牵手步入婚姻的殿堂。这是一场在徐家和张家精心操办下的中西合璧式婚礼。从此，张幼仪嫁为人妇，相夫教子，孝敬公婆，从一个女孩变成一个主妇……而徐志摩的未来，似乎并不会因为这场婚礼有太多的变化。这个男人的世界，有着与张幼仪截然不同的憧憬。

笃信，另一个人的敷衍

　　其实，不管是哪一个时代，大多数的家庭里，女子相对于男子而言总是弱势群体，特别是讲究"三从四德"的民国年代。或者说，在张幼仪和徐志摩的婚姻状态下，张幼仪总是扮演着一个温柔贤惠的儿媳、妻子、母亲。张幼仪就是太懂事了，懂事到性格桀骜不驯的徐志摩无法去挑剔，也就很难去磨合，自始至终缺少了那份相濡以沫。

　　张幼仪是聪慧的，她一进徐家的大门就感受到了新婚丈夫徐志摩对自己的冷淡，但是张幼仪不认为这是什么大事，两个陌生的人生活在一起，并不是"一起搭伙吃顿饭"那么简单，需要沟通、交流、理解和支持。于是，婚后的张幼仪承担起了照顾公婆、操持徐家上下的重任，尽管这个为了与徐志摩完婚被迫从女中辍学的渴望进步和知识的女孩，也想着能够重新走回校园，再次聆听三尺讲台上的话语。可是，女人结了婚，特别是有了孩子之后，她的生命就不再是自己的生命了，她生活的那个时代也不允许她放弃家庭上下老小去实现新女性的蜕变。所以，张幼仪乖乖当着她的少奶奶，而且，是非常称职的少奶奶。

可是，张幼仪所付出的一切在徐志摩的眼里根本丝毫没有起到让他怜惜和理解的功效。徐志摩富有诗意、浪漫、潇洒、多情……而张幼仪太乖巧了，这样的性格自然能够博得公婆的喜欢，也能够受到徐氏家族上下的尊重，却唯独不是徐志摩的"那盘菜"。徐志摩甚至无数次在心里埋怨张幼仪：她也算是一个知识女性，怎么就能妥协父兄的政商联姻呢，怎么就不能为自己的自由和幸福争取一份自我呢？可是，徐志摩似乎忘记了，在整件事情中，他也没有做过任何表面上的挣扎，甚至没有说过一个"不"字，他又有什么权利去指责一个大家闺秀的笃信呢？

张幼仪始终相信，她的努力会得到丈夫的认同，她希望自己做好一个妻子所能做好的一切。可她却忽略了，她的丈夫是徐志摩——一个只对诗歌和艺术有情调的才子。张幼仪不曾将心底的这份失落与任何人分享过，至少和徐志摩做夫妻的几年里，她只要求自己做好自己。

在徐志摩的眼里，张幼仪不论多么贤惠，都摆脱不掉她身上固有的乡土气息。这样的评价，徐志摩在看到张幼仪照片的第一眼就认定了，之后也就很难扭转这单方面的评价。而且，他们结婚的时候，为了让排场更为壮观，张幼仪的嫁妆都是特意去欧洲斥巨资采购回来的。那时候的张家经济状况已经直线上升，也举家迁往上海居住，所以，婚礼时候的嫁妆，是张幼仪的哥哥们特意用游轮运到碶石的。一时之间，这也成为一段佳话。本是财富的一种升值，在徐志摩看来，显得满满的铜臭味。

身为徐家独子的徐志摩，他不得不接受这份婚姻的最大理由就是了却祖辈和父辈的一份心愿，为徐家添男丁续香火。对于徐家而言，张幼仪知书达礼又聪慧过人，虽然与徐志摩这个"怪胎"无共同语言，但她在经济领域的优势早早地就被公公徐申如看在眼里。徐申如如此栽培儿子徐志摩，其实也是希望他能够子承父业的，但是儿子却对经商毫无兴致，还好，他在文学创作领域也算"富甲一方"。不能不说，徐申如也捕捉到了张幼仪身上的闪光点。或许将来的某一天，徐申如的一些愿望，张幼仪可以帮忙实现也是说不定的。

徐志摩虽然对张幼仪存有太多的不满，但他对徐家的责任感还是有的，只是，本来可销魂的夫妻之实，在徐志摩那里就变成了例行公事般无奈。徐志摩的心思根本就不在张幼仪的身上，他和张幼仪最大的不同就在于，张幼仪婚后要留在徐家大院，用青春操持着，直到沧老，而徐志摩则可以理所当然地去他的北大预科班继续学习和深造。这也就更加拉大了两人之间的距离。一个越走越高，一个继续留在原地仰慕和张望。不是所有的距离都能够产生"美"，也不是所有的"小别"都能够胜新婚。

婚后一年多的时间，张幼仪一次偶然间从别人的口中得知，徐志摩初见她照片时鄙夷的那句"乡下土包子"。或许，这个时候的张幼仪才真正明白，自己无论做得多么好，在徐志摩的眼里依然不够"上得厅堂"。以至于，徐志摩在外学习期间，给家里写了很多书信，却很少提及过她。对这样的"待遇"，张幼仪的内心该有多么强大，才能视而不见？

> 儿海外留学，只影孤身，孺慕之私，不俟馨述。大人爱儿岂不思有以慰儿邪？……从前纷媳尚不时有短简为慰，比自发心游欧以来，竟亦不复作书。儿实可怜，大人知否？即今纷媳出来事，虽蒙大人慨诺，犹不知何日能来？
>
> ——《徐志摩家书》

即便如此，张幼仪始终都很尊重自己以及当初嫁给徐志摩的这个选择。即使徐志摩再不待见自己，张幼仪都好好经营自己的生活和徐家的生活。如果说，张幼仪对徐志摩的这份笃信是错了，盲目了，但她对生活和生命的这份坚持和认真的态度，值得每一个读者尊重和钦佩。也就是这样的性格，让她在多年之后"一个人"的生活中，也一样光彩照人。

大约是儿子"阿欢"的出生，一下子让张幼仪的形象在徐志摩的意识里变得有些存在感了，徐志摩的书信中渐渐出现了张幼仪的名字。尽管每一次提及都是跟着儿子同时出现，尽管从没有过属于个人的嘘寒问暖，尽管每一次提到名字也都是家常之事，尽管在更多人看来，徐志摩还是以前的徐志摩，但，张幼仪心里是暖的。虽然，她不知道这份暖算不算得上是"暖"，但这个灵魂和身体都被那个叫徐志摩的男人翻阅过无数次的女人，依然对徐志摩"不够了解"，始终如一地为他活着。

宛如新月

　　自从1916年，徐志摩背井离乡去天津北洋大学读书开始，他出现在张幼仪的世界里的次数就越发少之又少了。两地分居的生活让张幼仪越发思念徐志摩，一个妙龄少妇，每一个漫漫长夜都是独自入睡。幼仪不敢有任何抱怨，因为时代不允许，社会不允许，徐家更不允许，这就是封建社会仍然留存下的那一抹不允许。

　　实际上，徐志摩在婚后不久就离家去异地求学了。从天津北洋大学，到美国，再到英国，似乎徐志摩始终在用求学这条路来封闭家庭给他带来的不愿面对的生活，他始终要用自己的方式去完成上苍交给他的生命，在不违背家族意愿的情况下，能多自由就多自由。还好，张幼仪的肚子够"争气"，1918年为徐家添了一个男丁徐积锴，取乳名阿欢。可见，徐氏家族对这个新生命所带来的欢喜是多么丰满，但现实的骨感却依然盲目地封锁了张幼仪这个刚刚晋升为母亲的女人对理想的期待。

　　1919年春天，幼仪回娘家探亲，恰巧遇见了准备去巴黎参加和会的二哥张君劢。和会即巴黎和会，是一战结束后胜利的协约国集团为解决战争所造成的问题以及奠定战后的和平而召开的会议，德国等战败国和俄国被排斥在会议之外。美国总统威尔逊、英国首相劳合·乔治、法国总理克列孟梭主导了和会的进行。因此，巴黎和会又被称为"三人和会"。和会上签订了处置德国的《凡尔赛和约》，同时美、英、法还分别同奥、匈、土等国签订了一系列和约。它们构成了凡尔赛体系，确立了一战后由美、英、法等主要战胜国主导的国际政治格局。

　　见到幼仪，二哥不禁关怀地问她，何时与丈夫徐志摩团聚？毕竟，这样两地分居的日子不是长久之计啊。小夫妻刚结婚就分离，徐志摩又是那般才华出众的翩翩公子，想到这些，幼仪也很无奈。对此，哥哥认为，幼仪为徐家生了一个男孩，于情于理都是一个"功臣"，那么，凭这个光环或许可以申请到一个特例，那就是和徐志摩夫妻团聚。当然，按照当时徐志摩为自己以及徐家为他规划的未来，就是出国留学，学习西方国家更为先进的经济学、金融学等，回国后接管徐家的家业。所以，让徐志摩放弃求学回国与幼仪团圆的想法是不可能实现的。那么想要和丈夫团聚，就需要幼仪远行，以陪读的名义前往。

　　可是，这样的建议在徐家没有行得通，徐家认为，一个女子，结了婚生了子之后的全部精力就应该放在家庭上，照顾好家庭就是对丈夫的事业贡献了最大的力量，解除了男人拼闯的后顾之忧，才是女人的本分。不过，徐家对儿媳渴求知识、追求上进的想法还是蛮赞同的，他们也相信，以幼仪的聪慧，定能在财富上做好一个称职的妻子。其实，无论在徐志摩的心里，还是在徐家上下的心里，幼仪的身份始终都只是一个女人，充其量说是一个称职的儿媳，但却几乎没有人真正地认可张幼仪。以至于多年之后，幼仪的发奋图强，在中国近现代经济领域的独领风骚，令徐氏家族叹为观止。

于是，张幼仪就和徐家几个还未出阁的女孩子一起学习，进行"大门不出"的"封闭"式学习。幼仪似乎并没有就这么放弃，她始终相信，机遇偏爱有准备的头脑，所以，她不放弃每一次学习的机会，无论学什么都是对未来的一份保障和积累。

果然，机会很快就偏向了早有心理准备的幼仪。1920年，徐志摩打算放弃在美国读博的机会，决心去英国求学。对于徐志摩的这个荒唐决定，徐家上下差不多都要炸开了锅，最终达成了统一的决定——同意张幼仪去陪读！因为，徐家老小实在不希望这个顽劣的徐志摩再做出什么让世人难以想象更难以接受的事情来。

公婆不放心幼仪一个人远行，他们为她寻到了一个一家四口远洋赴欧的人家，与他们偕行，徐家这才放心。经过大约三个星期的游轮远行，幼仪终于知道了离家在外的辛苦和无助，但每每想到，到达目的地就能与丈夫团聚，她的小心脏就开始扑腾扑腾地乱跳。此时的张幼仪才20岁，这是个放在当代仍然在大学校园学习的年纪，幼仪何尝不是一样渴望学习，渴望爱呢。想着不久的将来，自己也能够和其他的女性一样，用自己渴望的方式去经营生活，张幼仪的内心从未有过如此的期许与向往。

终于，游轮上的日子接近尾声了，幼仪早早地站在甲板上，想着等待她的会是一个怎样的开始。而此时的徐志摩百般纠结，他心里对张幼仪是厌恶的，那种厌恶就根植在生命里，驱赶不走。他知道，家里既然同意张幼仪来陪读，定是不放心他的放荡不羁。他没有办法扭转家人对自己的捆绑之心，只能尽可能平衡全家人的愿望和自己的理想之间的差距。

　　徐志摩无奈地在岸边等待着张幼仪所乘的游轮，留给汪洋的依然是一抹毫无生机的背影。游轮近了，更近了，幼仪满怀期待地望向岸边，只这一望，顿时五味杂陈，所有的希望顷刻间荡然无存。幼仪甚至预见了未来的自己，一个蓬头垢面从早到晚继续操持家务的家庭主妇的模样。

　　和徐志摩的会面，果然没有拥抱和亲吻，甚至连一点点的安慰徐志摩都懒得施舍给张幼仪。就这样，没有牵手，徐志摩带着张幼仪去了巴黎。一家服装店里，张幼仪像木偶般被店员多次塑形。最终，徐志摩为张幼仪挑选了一套西式服装。服装穿在幼仪的身上还算精致，在徐志摩的心里却连一块抹布都算不上。

　　就这样，张幼仪与徐志摩开始了陪读和异国求学的生活，这个渴望知识的女孩甚至没有任何学习的机会，她每天的主要工作就是照顾好徐志摩的一切生活起居。昔日的少奶奶变成了如今的保姆，幼仪的辛酸可想而知，但她依然不愿放弃上苍给予她的与徐志摩朝夕相处的机会。而徐志摩，依然我行我素，继续他的学习、恋爱。可惜，恋爱的对象却不是张幼仪。

　　1921年8月，夏季的炎热席卷了整个屋子，自然没有放过视屋子为灵魂的张幼仪。幼仪开始出现各种头晕、目眩、恶心的状况，有过生育经历的她知道，自己再度怀孕。幼仪是欣喜的，或许这个孩子的降临将拉近她与徐志摩的距离，或许第二个孩子的出世，将引起徐志摩对妻子的重视和垂怜。不能不说，这个孩子的诞生确实加速了一个进程——徐志摩与张幼仪离婚的进程。

曾经，徐志摩坦白地告诉张幼仪，他要成为当时的中国第一个离婚的男人！只是，张幼仪怎么也想不到，徐志摩说得到做得到。

当张幼仪有些欣喜又有些忐忑地将怀孕的消息告诉徐志摩的时候，令她万万想不到的是，徐志摩当机立断放下一句话："把孩子打掉！"张幼仪以为自己听错了，要知道，那时候的医疗水平并不先进，堕胎可是"要了命"的大事，除非迫不得已，否则不会有人选择去堕胎的。

张幼仪弱弱地继续和徐志摩商量："我听说有人因为打胎死掉的呢。"

"还有人因为火车肇事死掉的呢，难道你看到有人不坐火车了吗？"徐志摩冷冷地说完，就别过脸去不再看一眼张幼仪，哪怕是她那还没有隆起的肚子。

之后的徐志摩，几乎不再和张幼仪说一句话，两个人的世界变得越发安静了，安静得只能听到对方的心跳声。就当张幼仪以为这个世界会这样安静下去的时候，徐志摩破天荒地和张幼仪说话了，他告诉张幼仪，这天，他会带一个女孩来家里做客！

自从张幼仪和徐志摩相聚以来，徐志摩从未带过任何人来家里做客，除了几次带着张幼仪去俱乐部之外，张幼仪甚至不知道徐志摩的朋友都有谁。可是这一天，徐志摩要带朋友来家里做客，而且还是一位女孩儿，张幼仪心里的五味瓶又一次打翻了。

张幼仪20出头，也是一个没有经历过太多事情的女孩儿，虽然已成为两个孩子的母亲，但从小衣食无忧，又有父亲和兄长的关照，幼仪没有受过任何委屈，当然，除了在徐志摩的世界里。但是，作为徐家的大少奶奶，张幼仪在没过门的时候就已经知道自己的命运，徐志摩即使要纳妾，也是"理所当然"的，只是，她万万没有想到，未来与自己"平分"丈夫的女人，将会是一个金发碧眼的外国妞儿。其实，此时的张幼仪并不知道，徐志摩要带回来的袁昌英小姐是一位和她一样聪慧甚至更有文化气息的东方女孩儿。

张幼仪带着一份不情愿的"大度"盛情款待了徐志摩带回家的袁昌英，她不知道未来的生活中要不要与其同在一个屋檐下生活，更不知道属于自己的命运将会带她何去何从。晚一些的时候，徐志摩试探着问张幼仪，对袁昌英何种印象。张幼仪仔细斟酌了一番，自认为礼貌地回答徐志摩："她看起来很好，可是小脚和西服不搭配。"因为这个女孩一进来，张幼仪就看到了，女孩有着精致的外表和时髦的穿着，只是一双小脚放在"宽敞"的皮鞋里，显得有些不搭调。

徐志摩听了张幼仪的评论，像是很满意，又像是有所忠告地回复说："我就知道，所以我想离婚。"

这恐怕是徐志摩第一次郑重其事地和张幼仪提离婚，张幼仪有些呆住了。她不敢预想，接下来的事情要朝着什么方向去发展，她想逃避，却又无孔而入般仓皇。

接下来，徐志摩玩起了失踪，很长一段时间不回家，也不和张幼仪联系。直到有一天，一个自称黄子美的陌生男人来敲门，并声称要代表徐志摩与张幼仪"谈谈"。张幼仪自然明白，徐志摩请来的这位说客是打算代徐志摩与自己谈协议离婚的。黄子美不是很连贯地代徐志摩问张幼仪，在"做徐家的儿媳妇"和"做徐志摩的太太"两个选择中，是否愿意选择前者。当然，说出这样一般女人难以接受的话，黄子美先生怕也是极度难为情的，只是，受人之托忠人之事，他不能在这样的场景下流露出任何个人情感，权当自己是一个传话的机器，连"和事佬"都算不上。

张幼仪没有马上做出决定，在送走了黄子美之后，她开始写信向二哥"求救"。这个时候，找婆家给自己树立坚守的信心显然是不明智的，她只能向娘家人求助。只是令幼仪意想不到的是，二哥以及张家上下，甚至也开始"偏袒"徐志摩。

二哥在给幼仪的回信中这样说："张家失徐志摩之痛，如丧考妣。"原来，如果离婚，二哥所在意的不是妹妹的情绪，而是徐志摩从此将与张家毫无瓜葛。可见，当时的徐志摩在张家的地位是极高的，甚至超越了张家任何一个位高权重的男子。最后，二哥再一次向幼仪表达了自己的想法："万勿打胎，兄愿收养，抛却诸事，前来巴黎。"

张幼仪与徐志摩"协议"离婚了，签完字后，幼仪故作镇定地对徐志摩说："好了，你去给自己找更好的太太吧。"徐志摩真的做到了"成为当时的中国第一个离婚的男人"。这场婚姻的结束，但愿对幼仪而言，是劫数的结束，愿这位让人心疼的女子，宛如新月般，重新来过！

这样的幸福，大概只有孩子才有

张幼仪能够如此通情达理地与他协议离婚，而且这么顺利，这是徐志摩万万没有预料到的。虽然他心知肚明，张幼仪不会像其他的家庭主妇般"一哭二闹三上吊"，但她这般理智，还是让徐志摩难免有些怀疑，这样的真实"可靠"吗？

直到张幼仪收拾行囊，准备去德国投奔二哥，徐志摩心里的那份不安才彻底放下。而且，他特别为张幼仪作诗一首。这也是唯一一首徐志摩单独为张幼仪作的诗。

笑解烦恼结
——徐志摩赠张幼仪

这烦恼结，是谁家扭得水尖儿难透？

这千丝万缕烦恼结是谁家忍心机织？

这结里多少泪痕血迹，应化沉碧！

忠孝节义——咳，忠孝节义谢你维系
四千年史骸不绝，
却不过把人道灵魂磨成粉屑，
黄海不潮，昆仑叹息，
四万万生灵，心死神灭，中原鬼泣！
咳，忠孝节义！

东方晓，到底明复出，
如今这盘糊涂账，
如何清结？

莫焦急，万事在人为，只消耐心
共解烦恼结。
虽严密，是结，总有丝缕可觅，
莫怨手指儿酸、眼珠儿倦，
可不是抬头已见，快努力！

如何！毕竟解散，烦恼难结，烦恼苦结。
来，如今放开容颜喜笑，握手相劳；
此去清风白日，自由道风景好。
听身后一片声欢，争道解散了结儿，
消除了烦恼！

收到徐志摩特别为自己作的这首诗，张幼仪恐怕也欣喜不起来，但是，这位坚强的姑娘决定重新开启自己的生活，活出一个不一样的张幼仪来。

如果要将张幼仪的人生做一个分割的话，那么"去德国前"和"去德国后"就是一个很好的黄金分割点。以前的幼仪小心翼翼地生活，不敢奢望丈夫对自己的爱，不敢祈求徐家给予她更多的自由，甚至不敢勇往直前地自由生活，她害怕做错，更怕一错再错。她心里其实很清楚，与其说，父兄们为她挑选了最合适的丈夫，不如说是他们为张家选择了一位含金量极高的姑爷，这也就印证了二哥给幼仪的回信中所表示出来的"张家失徐志摩之痛，如丧考妣"。

或许，徐申如自知儿子是对不起幼仪的，所以，在他们离完婚，张幼仪独自带着孩子赴德国投奔二哥后，徐申如索性认张幼仪为"干女儿"，并且继续支付徐家理应给她的那份资助，使张幼仪可以在没有经济压力的情况下，在德国生活、学习和照顾徐家的第二个孙子。

那个时候，幼仪的二哥还是单身，幼仪来了之后，自然而然地承担起照顾二哥起居的责任。只是，随着月份的增大，幼仪的身子越发沉重了，行动起来颇有不便。可二哥毕竟是个男人，根本领会不到幼仪的"不舒服"。而对于幼仪而言，此时的辛劳一点儿也不算辛劳。放下了婚姻包袱的张幼仪，骨子里往外透出一股清新的朝气，像一个孩子般，生命里再度燃起对世界的渴望，对理想的追求。这久违的热情和幸福，大概只有孩子能够领略了。

二哥毕竟是亲二哥，即便对徐志摩的看重远高于自己的妹妹，但看着幼仪日渐隆起的肚子，还是不放心她一个人在家里。所以，张君劢在巴黎一个小村庄里，为幼仪找到一个可以"借住"的人家。二哥和这家人谎称，幼仪的丈夫徐志摩是一位留学诗哲，目前正在全国各地游学和创作中，他也不放心妹妹自己住在家里，所以希望可以让妹妹在小村庄里安静养胎，直到志摩归来。

乡下惬意的生活，让幼仪觉得，自己像是新生的婴儿，像是从未遭受过任何心灵上的创伤般活得洒脱。这段时间，足以让幼仪静下心来为自己的未来勾勒蓝图。她想成为一名教师，并开始着手准备"卸货"后就开始去师范学校学习。幼仪的七弟张景秋受徐家人委托，顺路带一些蜜饯给徐志摩。当景秋到了国外，把蜜饯交给了徐志摩并与二哥联系上之后，才知道二姐幼仪的处境。

景秋是一个多愁善感的男子，心思细腻得不亚于任何一个女儿家，他和二姐幼仪的关系最为亲密。所以，当他知道姐姐被姐夫抛弃了，又一个人在落寞的小村庄独自养胎的时候，心里难受极了。他迫不及待地以最快的速度赶到幼仪身边，一见面就哭个不停，仿佛受了极大委屈般依偎在幼仪臃肿的怀里。反倒是坚强的张幼仪，开始不停地劝慰弟弟，一副若无其事的样子。

此时的幼仪，还真就可以说是"若无其事"，她能够像回忆别人的故事一样将自己的近况向弟弟娓娓道来，依靠的可不仅仅是内心的强大和坚定。与其说，此刻的幼仪是重生后的幼仪，不如说，曾经那个活在别人定好的框框里的幼仪醒了，如今我们看到的，才是真正的张幼仪。

1922年，德国柏林，张幼仪顺利诞下一名男婴，并取名"彼得"。其实，幼仪倒是希望自己的这一胎是个女孩儿。女孩儿是妈妈的小棉袄，可以一直不离不弃地陪伴在妈妈身边，可以像幼仪一样知书达礼，娉婷温婉，而不是像爸爸那般桀骜。可惜，愿望还是落空了，即便是个臭小子，幼仪还是喜欢得不得了。十月怀胎，母亲身上掉下的肉，哪有不爱的道理？就连那个当初极力要求幼仪堕胎的孩子爸爸，也闻讯来到了幼仪生产的医院，隔着玻璃望着保温箱里的小生命。

幼仪明白了，要堕胎，要离婚，这一切的舍弃不是针对孩子的，而是极度对自己的否决。徐志摩不是不爱自己的骨肉，而是不愿因骨肉亲情的存在，与幼仪"纠缠"下去。这样想，幼仪的心情豁然开朗了，当初很多个未解之谜，如今都得到了答案。

彼得长到三岁的时候，因为身体状况的问题，没能得到成功的救治，抛下了母亲和这个世界走了。张幼仪一个人承担了丧子之痛。或许，徐家人和徐志摩也有所惋惜，但只有与孩子朝夕相处的张幼仪伤痛最大。从1922年彼得出生到1925年彼得夭折，这三年间，张幼仪学习过、工作过、成长过、忘却过、脱胎换骨过……当徐申如请张幼仪回国帮忙料理家事以及陪伴长子阿欢时，幼仪再一次选择了遵从。尽管她不再是徐志摩的太太，但就像当初黄子美说的那样，她还是徐家的儿媳妇，还是阿欢的妈妈。

回忆是一座桥，却是通向寂寞的牢

回国后的张幼仪，用她接下来的生命诠释了两个成绩：其一，成功经营了云裳服装公司；其二，成功接办了女子储蓄银行。

张幼仪回国的1926年，他的丈夫娶了他朋友的妻子陆小曼，而当初那个和徐志摩如胶似漆的林徽因嫁给了徐志摩的老师梁启超的儿子梁思成。世界往往就是这般错综复杂，不论是情感还是生活。

不知道是不是离开太久了，看到站台上迎接自己的父亲和母亲，还有朝夕思念的兄弟姐妹，张幼仪的心酸涌上心头。不是不想念，也不是没有牵挂，一个人生命的重塑，更像是经历过火炼钢铁一般撕心裂肺。没有人能够想象得到，一个在异国他乡被丈夫抛弃的女人是怎样一个人挺着肚子安胎的，这胎真的"安"了吗？也没有人能够体会得到，一个女人在失去了丈夫和儿子之后的生活是如何不堪回首。仅仅想一想，就足以伤感一时，更何况一个亲身经历过的女人。

家人们见到重生的张幼仪，喜出望外于她的坚强和韧性，看着这个昔日平凡无奇的"毛毛虫"蜕变成彩蝶，不禁感叹她的重生之彻底。只有张幼仪自己明白，岁月可以改变一个人的容颜，却抹不去她的骨子里的骄傲。幼仪自小就聪颖过人，深得父亲的喜爱，或者说，重生之前的幼仪只得到过父亲真正的疼爱，但今天的幼仪不同，她的光彩映照了整个张家，乃至徐家。

错过了阿欢的成长，是幼仪此生最大的遗憾，还好，从这个时候开始直到老去，陪伴与支持幼仪最多的就是这个懂事的孩子了。再一次见到阿欢，他已经是一个八岁的孩子，遗传了太多徐志摩的基因，活脱脱一个"少儿版徐志摩"。不过，幼仪并没有因此触景伤情。不是有那么一句话嘛，我爱你时你是一切，我不爱你时一切都不再有你！现在的徐志摩在幼仪的心里，充其量是她儿子的父亲，仅此而已。所以，在徐志摩再次结婚的时候，幼仪心中丝毫没有伤感存在。

与阿欢的重逢，让幼仪意识到，徐家再家大业大，再重视子女的教育，仍与西方发达国家的教育有一大块的距离。幼仪希望能够接阿欢出徐家大院，由她自己抚养并教育。起初，幼仪曾担心，徐家二老会因为彼得的离世而不放心让她独自照顾徐家骨肉。令幼仪诧异的是，徐家老人居然同意了幼仪的提议，想必，定是幼仪的破茧成蝶让徐家上下不再视她为一介小女子。

幼仪带着阿欢来到了北京生活和学习，有阿欢的陪伴，她很快就适应了一个女强人的生活方式和节奏。不过没多久，徐家二老"投奔"张幼仪来了，究其原因，就是受不了陆小曼的"新思想"。比如，陆小曼会要求徐志摩抱着自己爬楼梯回房间休息，这样的事就是家常便饭。看着儿子没日没夜地工作，二老自然是心疼的，但又不知怎样说服儿子不要屈服于陆小曼，所以，眼不见心不烦，决定到天津散散心。

其实，他们的这点儿心思，张幼仪早就看出来了，只不过没有戳穿老人家，而是选择静静地聆听他们对陆小曼的埋怨。果然，在天津没过多久，徐申如夫妇就要求搬到北京幼仪的住处，美其名曰是帮助她照看阿欢的起居，其实就是想抓住幼仪的手不放，这个儿媳可比陆小曼好上一百倍呢。

只是，这样的生活没过多久，幼仪就不得不送徐家二老回去了，缘由就是，幼仪母亲病重，她要回到母亲身边陪伴最后的时光。这是幼仪第二次面对亲人与病魔的斗争，第一次是次子彼得。经历过与亲人生离死别的幼仪，现在貌似很坚强，但最终她的坚强也没能挽留住母亲的生命，母亲还是走了，且随后不久，父亲也随母亲而去了。

幼仪如孤儿般沉浸于失去双亲的痛苦中，可现实又不允许她有太多的伤痛，她必须坚强地支撑起父母留下的遗憾。尚且年幼的八弟和仍未出阁的四妹，还有阿欢，三个人都需要幼仪的呵护。送走了父母，幼仪突然不想离徐家二老太远，她想留在上海，但上海的物价远高于北京，仅仅依靠徐家的资助是难以照顾好儿子和弟弟妹妹的，所以，幼仪决定去工作。这一工作不要紧，她一下子塑造出了一位新时期的成功女企业家。

幼仪选择的工作单位是上海女子商业储蓄银行，初次与该银行负责人见面时，幼仪还在东吴大学教德语。始建于1910年的上海女子商业储蓄银行所面对的客户群体也是女性。银行负责人向幼仪介绍了工作的主要内容，他们坚信，以张幼仪的声望、学识、社交能力和背景，绝对能够担当起副总裁的职责。除此之外，张幼仪的四哥张嘉璈身为中国银行总经理，也能为幼仪的工作和业绩加码护航，张幼仪也就安安稳稳地坐在了上海女子商业储蓄银行副总裁的椅子上。

与此同时，张幼仪还身兼云裳服装公司总经理的职位，负责整个公司的各种订单和相关业务的洽谈工作。云裳由"云想衣裳花想容"而得名，论创意，还是幼仪八弟的头脑想出来的呢。这个时期的中国女性更加注重仪表和妆容，特别是西方的一些文化风潮涌入中国之后。作为留过洋的知识女性，张幼仪自然不会错过这样的时机。张家以前请过一个缝制手艺特别好的女裁缝，来为张家上下做定制衣衫，这也激发了幼仪有关"定制化服务"的意识和创意。

所以后来，"云裳"的顾客们大多是冲着个性化定制服务而来的，价格虽不菲，但这份尊贵和殊荣可不是一般地方能提供的。

就在张幼仪精心经营着她的生活的时候，1930年，"婆婆"病危，幼仪以女儿的身份带着阿欢前来送行。随后，她带着阿欢又回到上海，继续着新的生活，徐家渐渐走出了幼仪的生活，直到次年，1931年11月19日，徐志摩所乘坐的飞机发生了意外，一代诗人"诗魂未定"就与世长辞，享年34岁。张幼仪与徐家的恩怨情仇也就此画上了句号。这个坚强的女子，为了徐家，奉上了整个青春年华，如今，也该拥有自己的生命诠释了。

1949年，张幼仪赴香港定居，四年后，在家人们的祝福下开始了第二段婚姻生活，新婚丈夫是她在香港的邻居，一位名叫苏季子的医生。又过了21年，1974年4月，苏医生走完了自己的生命旅程，张幼仪侨居美国，与儿子阿欢共同生活。直到1988年1月21日，88岁高龄的张幼仪离世，而她留给世间的那份坚强和韧性，始终激励着冲在事业前沿的女性们。

陆

爱知因，梦回夜绕

久旱之心，春霖滋润过

　　不知道是不是越靠近文学的人，情感世界越波澜。民国美女林徽因的世界里有三个颇为重要的人，为其神魂颠倒，他们是毅然决然与怀二胎的原配夫人离婚的徐志摩，为其终身不娶的哲学家金岳霖，以及修成正果的丈夫梁思成。

　　那段毫无情感的"政商联姻"在徐志摩的世界里如同挥之不去的雾霾，时不时地就会飘在心头，影响心绪，乱了情操，脏了呼吸。徐志摩是喜欢把玩文字的，可是，那些跳动着的心思总是若隐若现，无法释怀深埋在心底的一抹情愫，直到遇见她，一个足以让摩"着魔"的姑娘。如同天使的羽翼拂过荒漠，泛起绿洲涟漪；像穿透暴风雨的彩桥，骄傲地夹杂着四季；更像是一团无名的烈火，浓烟四起的瞬间，驱尽了苍茫中的阴暗，让才子的骨骼重新寻回诗魂的所归。

　　是的，徐志摩对两年的美国生活开始了歇斯底里的厌倦，凌乱的数字在诗海中总还是晦涩的，而美国的那股子资本主义气味也真的令徐志摩难以呼吸，贪婪、疯狂、物欲横流……这些都不是徐志摩所向往的。或许，此时徐志摩的生命里还没有诗歌，但来自另一个国度的"召唤"却还是牵动着徐志摩迷茫的心。那个吸引徐志摩的正是持续不断地追求人道主义理想和思想自由的20世纪英国哲学家伯特兰·罗素。

1920年秋，徐志摩毅然地弃美赴英，然而当他到英国的时候，罗素却因为战争时过于主张和平而被剑桥除名，已经去云游四海了。这将徐志摩想要跟随罗素从学的夙愿彻底击碎，徐志摩不得不"委身"于伦敦政治经济学院。

一次，听说中国国际联盟同志会驻欧代表林长民要在伦敦国际联盟协会演讲，作为林长民的"老相识"，徐志摩自然是由衷地愿意参加的。当天，徐志摩早早地就从学校出发赶赴演讲会现场。在电车上，徐志摩巧遇英国著名作家狄更生。狄更生是徐志摩心中特别景仰的人物，他想自我引荐，但还是觉得唐突，最终也没有冒昧地说上话。林长民的演讲结束后，徐志摩找到他，请他帮自己约见狄更生，二人相约次日在林长民住处详谈此事。

第二天，当徐志摩前往林长民住所时，恰巧来开门的是林长民的女儿林徽因，瞬间，徐志摩的世界出现一道亮光。这一年，林徽因16岁，亭亭玉立的妙龄少女，谦谦君子的唯美之选；这一年，徐志摩23岁，俊朗的面容，风流倜傥的才子形象，让情窦初开的林徽因再也不能心静如水。

徐志摩那首《我有一个恋爱》，里面字里行间都是满满的情意，不用思考都知道，情意的那边牵系的正是林徽因。

我有一个恋爱，

我爱天上的明星，

我爱他们的晶莹：——

人间没有这异样的神明！

在冷峭的暮冬的黄昏，

在寂寞的灰色的清晨。

在海上，在风雨后的山顶：——

永远有一颗，万颗的明星！

山涧边小草花的知心，

高楼上小孩童的欢欣，

旅行人的灯亮与南针：——

万万里外闪烁的精灵！

我有一个破碎的魂灵，

像一堆破碎的水晶，

散布在荒野的枯草里：——

饱啜你一瞬瞬的殷勤。

人生的冰激与柔情，

我也曾尝味，我也曾容忍；

有时阶砌下蟋蟀的秋吟：——

引起我心伤，逼迫我泪零。

我袒露我的坦白的胸襟，

献爱与一天的明星；

任凭人生是幻是真，

地球存在或是消泯：——

大空中永远有不昧的明星！

——徐志摩　《我有一个恋爱》

"论中西文学及品貌，当世女子舍其女莫属。"这是林长民对宝贝女儿的半是自豪半是自负的评价。林徽因从小就接受着来自中国传统与西方文明相结合的中英式教育，在伦敦的一所女子中学读书的她集智慧与美貌于一身，才华与天赋齐名。

或许这一刻，徐志摩内心里完美女神的形象才清晰起来，那个被理想诗化了无数次的女子就站在徐志摩的面前，久久挥之不去的，是一见钟情的迷恋。正如下面这首诗中倾泻的那份情感：

世界曾经颠倒黑白，如今回归绚丽色彩。

世界曾经失去声响，　如今有你们陪我唱歌。

夜里黑暗覆盖着左手，　左手覆盖着右手。

曾经牵手的手指，　夜里独自合十。

风吹沙吹成沙漠，　你等我，等成十年漫长的打坐。

你是天下的传奇，你是世界的独一。

你让我花掉一整幅青春，　用来寻你。

五，四，三，二，一，他和她的迷藏。

开始……

　　缘分，真的是一件很奇妙的事情，世界那么大，而我偏偏遇见了你。其实，徐志摩遇见的女人并不少，至少在林徽因出现之前，还有过那么一段名存实亡的婚姻生活，甚至那个他并不待见的女人还为他含辛茹苦生养了儿子。但，初见林徽因那一刻的情感的迸发，徐志摩从未体味过。对于一个还处在封建社会边缘时期的旧中国男子来说，23岁并不小了，大儿子那个时候也有两岁了。要说这是初恋，估计没谁能相信，可徐志摩信了，林徽因信了。即便全世界都不看好这份情感又有什么关系？

　　林徽因的美与她的睿智、才情密不可分。人们常说，面容姣好的人写出的字也或隽秀或刚韧，蕙质兰心的林徽因，同样将骨子里的那份才情尽显在那洁净唯美的面容上，令多情才子徐志摩无法自拔。

　　如果不是徐志摩已是一个父亲，如果不是林徽因与梁思成本就两小无猜，相信他们的爱情定会成为人间佳话，郎才女貌，一切美好都在他们的面前戛然而止。可惜了，徐志摩已经有了老婆和孩子，此时的他，越发反感张幼仪，如果不是幼仪的出现，徐志摩就可以自己选择喜欢的恋爱对象，经历过刻骨铭心的爱之后，再牵手婚姻，白首不相离。

　　徐志摩自然不是逆来顺受之人，对于生活这般，对于情感更是如此。徐志摩更加"放肆"地与林徽因幽会，在张幼仪被徐家二老派来陪读的时候也不曾收敛，仿佛一切的过错都是张幼仪带来的一般。这个文人，是在用他的情感折磨他的妻子，以此来向世人证明，他与林徽因才是天作之合。

每天，都在数着你微笑

情死

徐志摩

玫瑰，压倒群芳的红玫瑰，昨夜的雷雨，原来是你出世的信号——真娇贵的丽质！

你的颜色，是我视觉的醇醪；我想走近你，但我又不敢。

青年！几滴白露在你额上，在晨光中吐艳。

你颊上的笑容，定是天上带来的；可惜世界太庸俗，不能供给他们常住的机会。

你的美是你的运命！

我走近来了；你迷醉的色香又征服了一个灵魂——我是你的俘虏！

你在那里微笑！我在这里发抖。

你已经登了生命的峰极。你向你足下望——一个无底的深潭！

　　你站在潭边，我站在你的背后，——我，你的俘虏。

　　我在这里微笑！你在那里发抖。

　　丽质是运命的运命。

　　我已经将你禽捉在手内——我爱你，玫瑰！

　　色，香，肉体，灵魂，美，迷力——尽在我掌握之中。

　　我在这里发抖，你——笑。

　　玫瑰！我顾不得你玉碎香销，我爱你！

　　花瓣，花萼，花蕊，花刺，你，我——多么痛快啊——

　　尽胶结在一起！一片狼藉的腥红，两手模糊的鲜血。

　　玫瑰！我爱你！

　　林徽因给世人留下的印象，如同坐在云端之上，那份纯情和唯美，令人难以企及又不容亵渎，偏偏被徐志摩，这个乱世情种捕获了芳心，二人你侬我侬了好长一阵子。

　　徐志摩对林徽因的爱情攻势可谓来势凶猛如滔滔江水，但在"岳父大人"面前也不能过于放肆。徐志摩虽急于求成，但也不得不按部就班，每次见面前都会事先书信一封，以表对林家小妹的青睐和思念。

　　林长民是"过来人"，眨眼间，就能看出女儿与徐志摩眉目之间泛起的羞涩与期待。对于徐志摩的才气，林长民是认可的，或许是出于朋友之间的友谊，又或许是"老姜"还有别的打算，林长民并没有在表面上戳穿女儿与徐志摩之间的情感波动，凸显出他作为父亲的尊重，作为友人的豁达。

　　这样一来二去地交往，徐志摩不仅虏获了女儿林徽因的初恋情结，同时也获得了父亲林长民的忘年之谊。目前，市面上还会流传出，当年徐志摩与林长民互通的"情书"。难怪有言论指向徐志摩，说他同时与林长民、林徽因父女俩"谈恋爱"，估计就是被那些咬文嚼字的"情书"所累了。也难怪，徐志摩以有夫之妇的女人为蓝本，林长民以有妇之夫的男人为蓝本，二人情真意切地谈恋爱传情书的方式，还真是有些"同志"行为。

　　徐志摩与林长民的"情"是闹着玩儿的，但他与林徽因的爱却是坚贞不渝、真情实意的。剑桥校园内，留下了他们多少迷离的足迹，长椅上偎依的恋人是否也曾是他们的剪影？许多时候，感性的情会左右理性的判断，但理性的判断，往往就坚定地守在情感的边缘，为的，就是"你不来，我不走"的守候。

　　林徽因在随父亲初到英国的时候，曾经与住在一起的邻居对建筑进行过详尽的思量和探讨，并显现出她在建筑方面的美学和深厚功底。直到徐志摩这个大诗人高调出现后，林徽因在诗歌方面的才情才略有展现，并在与徐志摩郎情妾意的时候，文学功底大有长进。

　　　　是谁笑得那样甜，那样深，

　　　　那样圆转？一串一串明珠

　　　　大小闪着光亮，迸出天真！

　　　　清泉底浮动，泛流到水面上，

　　　　灿烂，

分散！

是谁笑得好花儿开了一朵？
那样轻盈，不惊起谁。
细香无意中，随着风过，
拂在短墙，丝丝在斜阳前
挂着
留恋。

是谁笑成这百层塔高耸，
让不知名鸟雀来盘旋？
是谁笑成这万千个风铃的转动，
从每一层琉璃的檐边
摇上
云天？
——林徽因《深笑》

　　林徽因的诗句总能将她的才情和聪颖彰显得淋漓尽致，那"笑渐不闻声渐悄，多情却被无情恼"的意境，貌似也悄然走进了徐志摩和林徽因的感情世界。

　　其实，林徽因并不算是个美人，可她在徐志摩的世界和诗歌里却是极美的，因此，在世人的眼里，林徽因就是美的。爱情就像是一个蛊，你种下的是爱便是爱，种下的是恨便是恨。徐志摩注定这一生得不到林徽因，并不是林徽因不爱他，而是林徽因更爱自己。聪明的女人知道自己需要的是什么，也清楚什么样的男人才适合与自己搭伙过日子。最爱的人不一定能够相伴到永久，而白首之人也未必是内心深处的最爱和最痛。

徐志摩可能是林徽因的最爱，但林徽因绝对是徐志摩的最痛。不能够说林徽因辜负了徐志摩的爱，爱情本就是一个难以做出公正答案的选择题，太主观，又太矫情。一个16岁的女孩，在自己无比爱着的人面前，却毅然选择了与父亲回国，再与两小无猜的玩伴订婚，她所丢下的何止是一份情感，那是另一个林徽因的过活。

林徽因是幸福的，在最好的年华遇见了最好的他，还能够肆无忌惮地谈一场轰轰烈烈的恋爱。徐志摩用他全身心的爱包容呵护着林徽因，却最终没能得到林徽因的垂青。是徐志摩多情吗？是林徽因无情吗？

世人评论，徐志摩一生为诗，一生为情，张幼仪是他在错的时间遇到的错的人，陆小曼是命和情中的一桩孽缘，而林徽因，则是曲终人散的红颜，是徐志摩诗情里的白月光。人们都羡慕这样一个场景：长廊上，断桥边，一位翩翩公子牵着窈窕淑女的手，漫步沙滩。不知道是不是英国的天气都眷顾这双情侣，绵绵细雨甚是渲染了康桥的本色。

有些时候，感情两端的他和她，是不是可以理解为有着一种“他乡遇故知”的情结？林徽因出生于杭州，徐志摩生于海宁，二人都来自浙江这个充斥着多情因子之地。江南的好山好水滋养了林徽因的娇容，也塑造了徐志摩的才情，只是，江南的那把油纸伞真的能遮挡住英国的烟雨蒙蒙吗？

走着走着就散了

情，在剑桥雕刻出一朵梅花，如烙印般刻骨铭心又足以令人肝肠寸断；剑桥，将属于情人之间的爱慕和思念化作一汪泪，挂在眼角、心间，伴着诺言从一张一合中迸射且越发晶莹剔透。在诗的意境中，徐志摩一定是最懂林徽因的，而林徽因，也一定是带着更多的仰慕向徐志摩的心头倾斜的。

爱情是复杂的，复杂得令旁观者看不清，令当局者理还乱；爱情又是简单的，简单到不需要华丽的辞藻修饰，只一个眼神，便你侬我侬，忒煞情多。诚然，两个如诗如画的人擦出的爱情火花一定更璀璨，那种诗意的交流与唯美的碰撞，勾勒出的该是怎样一幅美好的画卷！

只是，这段情缘的背后，有太多的"不被祝福"。起初，老爹林长民并未干涉女儿与徐志摩的来往，可日子久了，林长民便最先有了"厌倦"，他知道，徐志摩的多情可能一辈子都不会有所收敛，今天是林徽因，未来就会有更多的李徽因、王徽因、马徽因……

徐志摩的诗，毫无遮掩地暴露出他对世界的幻想，可生命中有那么一部分不容虚幻的真实赫然摆在人们心头——生活，总要实实在在进行的，五谷杂粮可不是想一想就饱满的。不只是林长民，就连徐志摩的一些挚友亲朋也都不看好徐林之间的情感。林徽因现在是情窦初开，经不住徐志摩诗一般的勾勒，可林徽因逐渐成熟长大，她那么聪明，又那么具有灵性，徐志摩能够驾驭得了吗？

事实上，现在的林徽因虽然被满满的爱包围着，但她依然十分冷静，冷静得如同与世隔绝的仙境之人，能够如此自然地做出"正确"的选择。爱情就是这样，开始说好一起走到老，可是，总会在途中，一个人或两个人，走着走着就远了，散了。

风筝

林徽因

看，那一点美丽
会闪到天空！
几片颜色，
挟住双翅，
心，缀一串红。

飘摇，它高高的去，
逍遥在太阳边

太空里闪

一小片脸，

但是不，你别错看了

错看了它的力量，

天地间认得方向！

它只是

轻的一片，

一点子美

像是希望，又像是梦；

一长根丝牵住

天穹，渺茫——

高高推着它舞去，

白云般飞动，

它也猜透了不是自己，

它知道，知道是风！

　　不知道林徽因的诗歌中，风筝是谁，又或者是谁的情感。在林长民的"作用"下，林徽因以"度假"为名，去了苏格兰的一个靠近海边的小城。距离拉开了，但徐志摩的信函却如绵绵细雨般继续滋润着两人的爱情之花蕾。林徽因没有拒绝，也没有如父亲那般反感，毕竟，她是爱着徐志摩的，那种爱，或者可以理解为一个少女对大叔的仰慕。总之，林徽因已经习惯了这样的思念与被思念。

　　林父见距离都无法阻断徐志摩的"骚扰"，索性带着女儿回国。恰逢此时的林徽因已经顺利地完成了她的必修的所有建筑学课程。1921年10月，林徽因随父亲回国。当伦敦的海面上再也看不到徐志摩的挥手时，当大洋彼岸的新生活即将刷新她满腔的情缘时，其实，少女林徽因还是有些不舍的，一种伤感油然而生：

情愿

林徽因

我情愿化成一片落叶，
让风吹雨打到处飘零；
或流云一朵，在澄蓝天，
和大地再没有些牵连。

但抱紧那伤心的标志，
去触遇没着落的怅惘；
在黄昏，夜半，蹑着脚走，
全是空虚，再莫有温柔；
忘掉曾有这世界；有你；
哀悼谁又曾有过爱恋；
落花似的落尽，忘了去
这些个泪点里的情绪。

到那天一切都不存留，
比一闪光，一息风更少

痕迹，你也要忘掉了我
曾经在这世界里活过。

林徽因的不辞而别令徐志摩更加伤怀，如同一只受伤的小鸟，被无情地摔打在地面上。一边要继续学业，一边又要承担感情上的重创，徐志摩只能用诗歌不断抒发自己内心的苦楚。越是令人伤痛的情感，越是来得真实和饱满。

我所知道的康桥（节选）
徐志摩

我在康桥时虽没马骑，没轿子坐，却也有我的风流：我常常在夕阳西晒时骑了车迎着天边扁大的日头直追。日头是追不到的，我没有夸父的荒诞，但晚景的温存却被我这样偷尝了不少。有三两幅书画似的经验至今还是栩栩的留着。只说看夕阳，我们平常只知道登山或是临海，但实际只须辽阔的天际，平地上的晚霞有时也是一样的神奇。有一次我赶到一个地方，手把着一家村庄的篱笆，隔着一大田的麦浪，看西天的变幻。有一次是正冲着一条宽广的大道，过来一大群羊，放草归来的，偌大的太阳在它们后背放射着万缕的金辉，天上却是乌青青的，只剩这不可逼视的威光中的一条大路，一群生物！我心头顿时感着神异性的压迫，我真的跪下了，对着这冉冉渐翳的金光。再有一次是更不可忘的奇景，那是临着一大片望不到头的

草原，满开着艳红的罂粟，在青草里亭亭的像是万盏的金
灯，阳光从褐色云里斜着过来，幻成一种异样的紫色，透
明似的不可逼视，霎那间在我迷眩了的视觉中，这草田变
成了……不说也罢，说来你们也是不信的！

起初，刚刚回国的林徽因，一时之间还是对徐志摩尤为思念，
但她知道，父亲不允许她与徐志摩再有任何瓜葛，她必须坚强地挺
过"失恋期"。没有了徐志摩的爱的狂热，林徽因的"情伤"自愈
得还是蛮快的。特别是有两小无猜的玩伴——梁思成的陪伴，林徽
因很快走出了徐志摩的"阴霾"。

林徽因与梁思成从小一起长大，甚至他们的爱好和特长都是一
样的——建筑学。两个年轻人的父亲，林长民与梁启超也是故交。
据说，两个孩子很小的时候，长辈们就给孩子们定下了婚约。当
然，这也许就是当时顺口说出的一句玩笑话，也有可能是两家人志
同道合的"亲上加亲"的愿望。总之，后来再谈论起林徽因、徐志
摩和梁思成三者关系时，许多观点认为，徐志摩只不过是林徽因生
命中的一个过客，而梁思成才是带着使命而生的护花使者。

长大后的林徽因与梁思成重逢和相处，渐渐发觉，从梁思成身
上迸发出的那份真诚和稳重，才更适合自己！徐志摩是写诗的，
他的意境充满着幻想与虚构；梁思成是做建筑的，他的生命里不允
许有丝毫的误差，所有的真实和牢靠才是最终"封顶"的保障。生
活，不就是需要有这份保障吗？

1922年10月，徐志摩"追"着林徽因的脚步也回国了，甚至

明明看清了林徽因与梁思成越走越近，他仍不愿就此放弃，继续展开爱的攻势。梁思成自然是没有徐志摩这般"不害臊"的，他很冷静，也很沉稳地应对徐志摩。他知道，徐志摩带给林徽因的可能是一时的浪漫，但他可以带给林徽因一世的依靠，这份依靠，徐志摩怕是给不了。

梁思成选择了静观其变，他老爹梁启超可不干了。梁启超仔细思索一番，不得不给其得意弟子徐志摩书信一封，以示劝解：

其一，万不容以他人之苦痛，易自己之快乐。弟之此举，其于弟将来之快乐能得与否，殆茫如捕风，然先已予多数人以无量之苦痛。

其二，恋爱神圣为今之少年所乐道。……兹事盖可遇而不可求。……况多情多感之人，其幻想起落鹘突，而得满足得宁帖也极难。所梦想之神圣境界恐终不可得，徒以烦恼终其身已耳。

呜呼志摩！天下岂有圆满之宇宙？……当知吾侪以不求圆满为生活态度，斯可以领略生活之妙味矣。……若沉迷于不可必得之梦境，挫折数次，生意尽矣，郁悒侘傺以死，死为无名。死犹可也，最可畏者，不死不生而堕落至不复能自拔。呜呼志摩，可无惧耶！

可无惧耶！

授业恩师先是对徐志摩的草率离婚表示不赞成，他认为徐志摩为了追求自我而伤害了毫无过错的张幼仪以及双方父母，还有两个年幼的孩子；接着又给其讲述了，感情和爱不是任何人的唯一，特别是像徐志摩这样多情的花花公子，真的没必要为了一份情感一份爱而扰乱了本来很有秩序的生活。

可当时的徐志摩正处于感情盲目期，他哪能听得进去这样的逆耳忠言，即刻书信一封来反驳梁启超：

> 我之甘冒世之不韪，竭全力以斗者，非特求免凶惨之苦痛，实求良心之安顿，求人格之确立，求灵魂之救度耳。人谁不求庸德？人谁不安现成？人谁不畏艰险？然且有突围而出者，夫岂得已而然哉？我将于茫茫人海中访我唯一灵魂之伴侣；得之，我幸，不得，我命，如此而已。嗟夫吾师！我当奋我灵魂之精髓，以凝成一理想之明珠，涵之以热满之心血，朗照我深奥之灵府。而庸俗忌之嫉之，辄欲麻木其灵魂，捣碎其理想，杀灭其希望，污毁其纯洁！我之不流入堕落，流入庸懦，流入卑污，其几亦微矣！

徐志摩偏激地认为，梁启超作为梁思成的父亲，在儿子和徒弟之间必然会偏袒儿子，更何况，以林徽因的才貌和聪慧，谁不希望她成为自家的儿媳呢？

林徽因与徐志摩"分手"回国的时间是1921年10月，徐志摩追着林徽因回国的时间是1922年10月。10月，在二人的世界里开始有些特别了。所以，当林徽因那首《十月独行》问世后，不禁让世人纷纷猜测，林徽因与徐志摩的情，真的断了吗？

十月独行

林徽因

像个灵魂失落在街边，
我望着十月天上十月的脸。
我向雾里黑影上涂热情，
悄悄的看一团流动的月圆。

我也看人流着流着过去来回，
黑影中冲着波浪翻星点。
我数桥上栏杆龙样头尾，
像坐一条寂寞船，自己拉纤。

我像哭，像自语，我更自己抱歉！
自己焦心，同情，一把心紧似琴弦，——
我说哑的，哑的琴我知道，一出曲子
未唱，幻望的手指终未来在上面？

离别，虽半步竟是天涯

　　1923年1月7日，梁启超给女儿梁思顺写了一封家书，上面赫然公布了这些内容：思成和徽因已有成言，林家欲即行订婚，朋友中也多说该如此……

　　其实，早在林徽因出国前，梁启超就有话在先，待两个孩子学成归来就给他们订婚，订婚之后不久就要举办婚礼，从此百年好合。而梁启超这次给女儿写信，是告诉女儿，梁思成和林徽因的学业都要完成了，林家人及他们共同的朋友们都希望林梁两家结为亲家，想问问女儿的意思。长女梁思顺是梁启超的骄傲，也是众多孩子中最受疼爱的一个，自幼最像父亲，他们共同的爱好是诗歌和音乐。

　　梁思成与林徽因订婚的消息，如同凛冽的北风，吹散了徐志摩对爱的憧憬与坚持，正如他所创作的那首诗《清风吹断春朝梦》，那样伤感，那样失落，那样无奈。

清风吹断春朝梦
徐志摩

片片鹅绒眼前纷舞，

疑是梅心蝶骨醉春风；

一阵阵残琴碎箫鼓，

依稀山风催瀑弄青松；

梦底的幽情，

素心，

漂渺的梦魂，

梦境，——

都教晓鸟声里的情风，

轻轻吹拂——吹拂我枕衾，

枕上的温存——，将春梦解成

丝丝缕缕，零落的颜色声音！

这些深灰浅紫，梦魂的认识，

依然黏恋在梦上的边陲。

无如风吹尘起，漫漶梦层，

纵心愿归去，也难不见涂踪便；

清风！你来自青林幽谷，

款布自然的音乐，

轻怀草意和花香，

温慰诗人的幽独，

攀帘问小姑无恙，

知否你晨来呼唤，

唤散，缘绻缱——

梦里深浓的恩缘！

任春朝富的温柔，

问谁偿逍遥自由？

只看一般梦意阑珊，——

诗心，恋魂，理想的彩云——

一似狼藉春阴的玫瑰，

一似鹃鸟黎明的幽叹，

韵断香散：仰望天高云远，

梦翅双飞，一逝不复还！

徐志摩终于要放弃了，不是放弃对爱的执着，而是被爱困了太久太久，他需要休息了。其实，林徽因见到徐志摩这样萎靡，她心里也很不好受。感情是两个人的，并不是一个人说断就能够断得彻底的。何况，林徽因不是不爱徐志摩，而是她清楚地知道，她更应该爱的那个人是梁思成。思绪复杂又尴尬的林徽因想用文字表达自己此刻的心境，但又不知该倾诉给谁。她的心境就如她的诗《无题》中所写：

无题

林徽因

什么时候再能有

那一片静；

溶溶在春风中立着，

面对着山，面对着小河流？

什么时候还能那样

满掬着希望；

披拂新绿，耳语似的诗思，

登上城楼，更听那一声钟响？

什么时候，又什么时候，心

才真能懂得

这时间的距离；山河的年岁；

昨天的静，钟声，

昨天的人

怎样又在今天里划下一道影！

不知是不是觉察到了尚有一丝希望仍存留在林徽因的心间，徐志摩心头的那团火又开始蠢蠢欲动了。他努力寻找和创造能够与林徽因正面接触的机会，希望能在失望的海洋里再捕捉到一丝丝牵挂。他知道，他在林徽因的心里已经越来越渺小了。她与梁思成眼神互换的温柔确实可见。徐志摩对林徽因的爱，在林徽因的心里已经越来越渺小，微弱得即将陨灭。

一星弱火
徐志摩

我独坐在半山的石上，

看前峰的白云蒸腾，

一只不知名的小雀，

嘲讽著我迷惘的神魂。

白云一饼饼的飞升，

化入了辽远的无垠；

但在我逼仄的心头，啊，

却凝敛著惨雾与愁云！

皎洁的晨光已经透露，

洗净了青屿似的前峰；

像墓墟间的磷光惨淡，

一星的微焰在我的胸中。

但这惨淡的弱火一星，

照射著残骸与余烬，

虽则是往迹的嘲讽，

却绵绵的长随时间进行！

泰戈尔访华期间，徐志摩与林徽因共同担任泰戈尔先生的翻译，甚至一起出演了改编自泰戈尔作品的话剧《齐德拉》。面对徐志摩持续的爱情攻坚战，林徽因淡然接招却又不出招，她现在只把徐志摩当成一个普通的朋友，那种不想放弃和成为敌人的朋友。

图6-1　泰戈尔（中）访华期间，徐志摩（右）与林徽因（左）担任翻译

徐志摩在林徽因的感情路上，可谓屡屡进攻又屡屡败阵，此时此刻，岂是消极二字能够说清道明的？

月下待杜鹃不来

徐志摩

看一回凝静的桥影，

数一数螺钿的波纹，

我倚暖了石阑的青苔，

青苔凉透了我的心坎；

月儿，你休学新娘羞，

把锦被掩盖你光艳首，

你昨宵也在此勾留，

可听她允许今夜来否？

听远村寺塔的钟声，

像梦里的轻涛吐复收，

省心海念潮的涨歇，

依稀漂泊踉跄的孤舟；

水粼粼，夜冥冥，思悠悠，

何处是我恋的多情友；

风飕飕，柳飘飘，榆钱斗斗，

令人长忆伤春的歌喉。

　　从林徽因与梁思成恋爱，到1923年1月订婚，再到1928年3月21日结婚，几年的时间或许改变不了一个人对爱的执着，但却能够让另一个人找对爱的对象，就像林徽因与梁思成。林徽因最爱的人是梁思成，梁思成最爱的人是林徽因，婚后的幸福小夫妻从事着他们共同喜爱的建筑事业并做出巨大贡献。

　　1931年7月7日，徐志摩在离开这个世界前，再度为林徽因作诗一首，当时，林徽因正在香山静宜园双清别墅小住。

你去

徐志摩

你去，我也走，我们在此分手；
你上那一条大路，你放心走，
你看那街灯一直亮到天边，
你只消跟从这光明的直线!
你先走，我站在此地望着你：
放轻些脚步，别教灰土扬起，
我要认清你远去的身影，
直到距离使我认你不分明，
再不然，我就叫响你的名字，
不断的提醒你，有我在这里，
为消解荒街与深晚的荒凉，
目送你归去……

不，我自有主张，
你不必为我忧虑；你走大路，
我进这条小巷。你看那株树，
高抵着天，我走到那边转弯，
再过去是一片荒野的凌乱；
有深潭，有浅洼，半亮着止水，
在夜芒中像是纷披的眼泪；
有乱石，有钩刺胫踝的蔓草，

在守侯过路人疏神时绊倒！

但你不必焦心，我有的是胆，

凶险的途程不能使我心寒。

等你走远，我就大步的向前，

这荒野有的是夜露的清鲜；

也不愁愁云深裹，但求风动，

云海里便波涌星斗的流汞；

更何况永远照彻我的心底，

有那颗不夜的明珠，我爱——你！

　　1934年5月，林徽因在《学文》一卷一期上发表的《你是人间的四月天》，一度被世人认为是作给徐志摩的诗。虽然，林徽因的儿子曾说，母亲作的这首《你是人间的四月天》是送给他的，是梁从诫出生时，林徽因喜出望外而作，但这样的说法并未得到林徽因本人的正面肯定。人们更愿意相信，《你是人间的四月天》是林徽因为悼念徐志摩而作。

你是人间的四月天

林徽因

我说你是人间的四月天；

笑响点亮了四面风；

轻灵在春的光艳中交舞着变。

你是四月早天里的云烟，

黄昏吹着风的软，

星子在无意中闪，

细雨点洒在花前。

那轻，那娉婷，你是，

鲜妍百花的冠冕你戴着，

你是天真，庄严，

你是夜夜的月圆。

雪化后那片鹅黄，你像；

新鲜初放芽的绿，你是；

柔嫩喜悦，

水光浮动着你梦期待中白莲。

你是一树一树的花开，

是燕在梁间呢喃，

——你是爱，是暖，是希望，

你是人间的四月天！

　　梁从诫一直都对世人宣称，母亲与徐志摩之间仅仅是对诗歌的一种热爱的情感，又或者说是一个懵懂的少女对以为成熟的诗人的崇拜，那并不算是真正的爱情。当然，他并不否认徐志摩对母亲林徽因的爱是真正的爱。他曾在《倏忽人间四月天——回忆我的母亲林徽因》一文中这样描述母亲与徐志摩之间的关系：

　　母亲同徐是一九二〇年在伦敦结识的。当时徐是外祖父的年轻朋友，一位二十四岁的已婚者，在美国学过两年经济之后，转到剑桥学文学，而母亲则是一个还未脱离旧式大家庭的十六岁的女中学生。据当年曾同徐志摩一道去过林寓的张奚若伯伯多年以后对我们的说法："你们的妈妈当时梳着两条小辫子，差一点把我和志摩叫做叔叔！"因此，当徐志摩以西方式诗人的热情突然对母亲表示倾心的时候，母亲无论在精神上、思想上，还是生活体验上都处在与他完全不能对等的地位上，因此也就不可能产生相应的感情。母亲后来说过，那时，像她这么一个在旧伦理教育熏陶下长大的姑娘，竟会像有人传说地那样去同一个比自己大八九岁的已婚男子谈恋爱，简直是不可思议的事。母亲当然知道徐在追求自己，而且也很喜欢和敬佩这位诗人，尊重他所表露的爱情，但是正像她自己后来分析的："徐志摩当时爱的并不是真正的我，而是他用诗人的浪漫情绪想象出来的林徽音，可我其实并不是他心目中所想的那样一个人。"

不管世人如何评价和划分徐志摩与林徽因之间的感情，有两件事情是毋庸置疑的，就是徐志摩的离世是因为要去赴约——参加林徽因的一个讲座；而林徽因保留徐志摩所乘坐的失事的飞机残骸直到生命宣告结束的那一刻。

1955年，51岁的林徽因因病逝世。在她的生命被画上圆满句号的时候，她所看到的另一个世界，会不会有着徐志摩在等她，重新来过刻骨铭心的爱恋？

柒

红颜碌，根断亲绝

陆家有"曼"初成长

世人都说，徐志摩一生之最爱为林徽因，温婉柔情、诗情画意，骨子里都透出一种明澈的魅力。其实，林徽因之所以成为徐志摩感情花海中的一朵白莲，很大的一种可能是，徐志摩一生都未得到过林徽因，精神上及肉体上。有一句并不算很科学的俗语：得不到的都是好的！这恰恰机缘巧合地印证了徐志摩对林徽因的感情劫数。

徐志摩短暂的一生中，其实，有两位女性真正地铭刻于其内心和生命：其一是，始终未能得到，连生命都因其而"丢掉"的林徽因；其二是，几乎耗尽了徐志摩所有的爱和生命，仿佛将整个红尘都把玩一番，风情、才情兼具的陆小曼。林徽因是一朵白莲，清澈、干净、淡然得好像整个世界都可以变得不那么重要；而陆小曼则不同，她风情、火热、任性得可以为了自由和爱放弃一切，肆无忌惮到周遭和光阴都可以成为一种罪恶的霸道。

不论中年之后的林徽因"堕落"成多么让世人难以接受的样子，不得不认同的是，成长期的陆小曼是可以"霍乱"整个时代的进步与革新的，我们的故事就从少年陆小曼开始。

出生于1903年的陆小曼比林徽因大一岁，比张幼仪小三岁，比徐志摩小六岁。从小含着金汤匙出生的陆小曼，父亲是留日归国的清末民初名人陆定，母亲是名门望族之后吴曼华。从陆小曼的名字上看，就知道她的父母对她的爱和厚望，以及父母彼此之间的爱与被爱的闪耀。

陆小曼的成长，像是从她出生的那一刻就被父母计划好的一样，每走一步都很顺利，很高调的那种顺利。父母希望小曼学习好，小曼就真的学习很好；父母希望小曼长得好，小曼就真的貌美如花，16岁时俨然成为男孩儿眼中的女神，外国人眼中的东方美人；父母希望小曼能够游刃有余地活动于民国的上流社会，小曼18岁的时候就已经闻名于北京社交界……

15岁那年，陆小曼来到了北京圣心学堂。这是一所法国人开办的贵族学校，在这所学校里学习的多为民国官宦与商人的子女及外国少年。陆小曼聪明，漂亮，热情又奔放，她所追寻的先进思想和文化，在那个还遗存封建之风的年代最受外国人的青睐。有思想又不封建的小曼成为学校里，特别是外国人眼中的女神和"东方美人"。她那种不被世俗约束的自由，那种对阳光充满热情的青春活力，带给了圣心学堂的学生们一种不一样的中学生涯。

恰逢北洋政府外交部外交总长顾维钧急需一名翻译，顾维钧要求极为严格，做他的翻译，必须精通法语和英语，还要美貌与智慧并存，才干与学识兼顾，寻觅一段时间后仍没有找到"配得上"这样要求的女孩儿。于是，顾维钧便派人到圣心学堂去寻找，希望在这个以培养中国名媛著称的贵族学校，至少能找出一名符合要求的女孩儿，否则，估计整个中国也就很难再找得出这样的名媛了。

当此"条件"在圣心学堂校领导面前摆出时，几乎所有领导、老师、校友、同学一致认为，仅陆小曼一人配得上此条件！顺理成章地，小曼成为外交部一枝独秀。陆家父母得此消息也颇感骄傲，精心培养的名媛女儿是最大的一份成功了。

外交部的翻译工作，主要的工作内容有三：其一是，陪外宾参加各种舞会，有着曼妙舞姿的陆小曼显然舞场尽显风采。其二是，陪伴外国使节检阅仪仗队，这可是尽显聪颖和智慧的工作内容了，因为，在参加检阅的过程中，避免不了会有使节借助某种气势来歧视中国的时候。有一次，陆小曼陪法国将军霞飞检阅仪仗队，当时仪仗队的队列并不整齐，这个法国将军便借机用法语奚落中国："你们中国的练兵方法大概与世界各国都不相同吧！"他以为这么年轻的姑娘只是外交部摆设的一个"花瓶"，既不能领悟他法语中隐晦的贬义，也不能用流利又恰到好处的法文回答出来。心中想着中国人的尴尬之举，这个法国将军开始偷笑。陆小曼听罢，自然很不悦，她用流利又标准的法语"解释"说："没什么不同，全因为您是当今世界上有名的英雄，大家见到您不由得激动，所以动作无法整齐。"这样巧妙的回答，甚是让霞飞将军喜悦，同时也解除了外国人对中国人的不屑。外交部第三个重要的工作内容是陪外宾观看中国的国粹艺术演出。

　　三项工作内容，小曼均能够胜任，并且都出色完成。这使得陆小曼很快就能够游刃有余地活跃于中国顶层社交圈，成为一个真正的名媛。不过，无论怎么频繁地与外国人打交道，也无论如何崇仰西方的先进文化，陆小曼的中国情结始终是她骨子里最深刻的烙印。

　　一次联谊会上，一些外国人极不礼貌，甚至有些挑衅地用烟头把中国孩子的气球"点"爆。小曼看到后非常气愤，她很优雅地同样用烟头把参加联谊的外国人带来的孩子的气球"点"爆。这种不惧的行为很让中国人担忧，在他们看来，陆小曼的举动太大胆了。当时是中国人绝不敢在外国人面前"造次"的时期，小曼着实让大家捏了一把冷汗，而且，一些外国人也现出"决意一战"的神情。但她是谁啊，她是天不怕地不怕又绝顶聪明的陆小曼。接下来，小曼像什么事都没有发生一样，继续与中国的孩子和外国的孩子一起玩耍。那种孩子才有的轻松和自在，化解了中国人的尴尬，也化解了外国人的敌意。一些中国的上层人士心中暗想：小曼生得一副好容貌，又有一脑子的智慧，还对中国有着坚定执着的爱之根，若生为男儿身，定是一个能够叱咤风云的领导者。

　　18岁时，陆小曼已经在北京社交界"闻名天下"。

　　小曼的直属领导对她也是极为赞誉，甚至当着陆父的面，也不失赞赏地对另一位朋友表示：小曼父亲的面孔看不到聪明，但小曼却不仅聪明，而且更加漂亮！陆小曼与徐志摩的干女儿何灵琰在她所创作的《我的义父母：徐志摩和陆小曼》一文中曾这样描述：

　　"干娘是我这半生中见过的女人中最美的一个……别具一种林

下风致，淡雅灵秀，若以花草拟之，便是空谷幽兰，正是一位绝世诗人（指徐志摩）心目中的绝世佳人……这便是名著一时，令多少人倾倒的陆小曼。她一举一动，一颦一笑，都别具风韵。"

痴狂者凌乱的岁月

　　20世纪的二三十年代，中国的女孩儿谈婚论嫁的年龄都很超前，同现在的"早恋"不相上下，通常情况下，女孩儿在20岁左右，就已经"被嫁"了。

　　1922年，陆小曼19岁，登陆家的门提亲的人每天都能排一条街那么长，陆父陆母却一点儿也不显得那么"焦灼"。19岁的女儿并不小了，但为人父母，他们是一定要给女儿找一个门当户对的最合适的夫君的。其实，陆小曼虽然生性活泼，向往自由，但从小到大都特别听话，父母希望她成为什么样子，她就努力长成什么样子，这份孝心和尊重，是那个时代的孩子必备的传统美德。

　　陆小曼的父母精挑细选，终于找到了一位他们认为非常合适的乘龙快婿。之所以说陆父陆母认为是最合适的，言外之意，陆小曼在自己的婚姻大事上是被动地接受的。不可否认，父母认定的人选是优秀的，甚至可以毫不夸张地说是最优秀的青年才俊，但毕竟不是自己挑选出来的，小曼虽坦然接受命运的锤炼，但谁又知道她心里到底有多少只小兔子在张牙舞爪呢？

陆小曼的父母所选定的乘龙快婿名叫王赓，年长陆小曼八岁。1911年，16岁的王赓从清华毕业，直接被保送到美国密歇根大学，后就读于哥伦比亚大学、普林斯顿大学等世界名校。王赓留学美国四年，在获得普林斯顿大学文学学士学位之后转入西点军校学习。对绿色军装有着火热赤诚之心的王赓在西点军校的学习生涯中表现得更加出色，人品、学业都得到老师和同学的高度认可。1918年，在西点军校学习了三年多的时间，王赓以总成绩排名第12（毕业当年全年级共137名同学）的"满意答卷"满载回国，进而于陆军部报到。

相处了一段时间，陆小曼并未表现出对王赓有任何的不满意情绪，所以，很快，二人在小曼父亲的安排下步入了婚姻的殿堂。陆小曼的父母对王赓颇为满意，甚至达到非王赓不选的程度，就连结婚时盛大的典礼及其他所有的花销，均由陆小曼的父母一手包揽了。当时陆小曼的家是极为富有的。

王赓与陆小曼，在所有人的祝福声中"闪婚"了。"闪"字在20世纪还是一个很新鲜的词语，可见，我们所熟识的陆小曼被称为"民国最懂得创新的女性"是有理可依的。

1922年10月，王赓与陆小曼举办了盛大的婚礼，郎才女貌一时间成为他们备受祝福的佳话。而陆小曼本人，当时也是喜欢王赓的帅气与气度的，也正是王赓透出的那份军人的伟岸气质，迷住了19岁的陆小曼的芳心。

然而，婚后的生活在陆小曼看来日渐黯淡无光。作为一名非常典型的军人，王赓的生活与做事都非常规律，也很讲究原则。在王赓的时间管理中，只有周末的时间才可以用来"消遣"，其他的时间则属于正式或非正式的工作时间。与其持反对态度的陆小曼则不然，小曼是那种无拘无束的自由人，喜欢热闹，喜欢不受约束。在陆小曼的时间观念里，只要有想玩的想法，那么这个时间就应该用来玩；同理，要是工作需要，也不必纠结时间是否为周末或工作日。

不知道是陆小曼的自由主义打乱了王赓的作息时间，还是王赓的"教条主义"让热情奔放的陆小曼越来越想逃避，总之，夫妻二人的生活变得有那么些许的裂缝了。此时，徐志摩恰到好处地成为填补裂缝的"黏合剂"。

1924年，泰戈尔访华期间，徐志摩与王赓同为梁启超的弟子，关系上已经很好了，且二人年龄相仿，具有同样的爱国热情，一文一武的完美互补，让他们的同窗关系更为紧密。几个志同道合的人时常聚在一起谈论青春，了解国家大事，小曼作为"校园皇后"自然是上得厅堂的。久而久之，陆小曼与徐志摩越发熟识起来。

徐志摩这位大诗人的时间观念不是很强，很多时候，他来到王赓家的时间都是王赓的工作日，王赓又是一个固执已见的人，不肯用工作的时间享受玩乐的快感，但又不好驳了好友的兴致。所以，很多时候，陆小曼都充当王赓的秘书，专门负责陪伴徐志摩游山玩水。

从小就在中国顶层社交圈打拼的陆小曼，解决一个简简单单的陪吃陪喝陪聊天的问题简直小菜一碟。多次频繁的接触中，徐志摩也发现，陆小曼的一颦一笑都美好极了。只是，这份美好在那个时候仅停留在徐志摩的眼里，并未走进心田，因为那个时候的徐志摩，满生命里都只装着林徽因。

大概是林徽因与梁思成修成正果的时候，徐志摩终于发现，那个虚无缥缈的林徽因已经飘向了远方，他很失落，很无助，特别需要精神上的慰藉。看到徐志摩无可奈何的悲怆，蕙质兰心的陆小曼倾听着，安慰着，懂着。两个有着火一样热情的年轻人，是特别容易擦出各种火花的。特别是徐志摩，他懂陆小曼对死板的婚姻生活的无奈，因为徐志摩曾感同身受过。其实，已婚男女之间特别可怕的一件事就是倾心交流，这一顷心不要紧，极易将爱慕出轨，抛弃各自的家庭。是的，此时陆小曼的精神开始出轨了，出轨的对象正是大诗人徐志摩，王赓的同门师弟兼最好的朋友。而徐志摩也开始渐渐从林徽因留下的感情阴霾中走出来，收获并付出着对陆小曼的爱和仰慕。

在《爱眉小札·序》中，陆小曼曾这样描述她与徐志摩最初的那段美好记忆：

在我们初次见面的时候（说来也十年多了），我是早已奉了父母之命媒妁之言同别人结婚了，虽然当时也痴长了十几岁的年龄，可是性灵的迷糊竟和稚童一般。婚后一年多才稍懂人事，明白两性的结合不是可以随便听凭别人安排的，在性情与思想上不能相谋而勉强结合是人世间最痛苦的一件事。当时因为家庭间不能得着安慰，我就改变了常态，埋没了自己的意志，葬身在热闹生活中去忘记我内心的痛苦。又因为我娇慢的天性不允许我吐露真情，于是直着脖子在人面前唱戏似的唱着，绝对不肯让一个人知道我是一个失意者，是一个不快乐的人。这样的生活一直到无意间认识了志摩，叫他那双放射神辉的眼睛照彻了我内心的肺腑，认明了我的隐痛，更用真挚的感情劝我不要再在骗人欺己中偷活，不要自己毁灭前程，他那种倾心相向的真情，才使我的生活转换了方向，而同时也就跌入了恋爱了。于是烦恼与痛苦，也跟着一起来……

两个同样喜欢自由，喜欢热闹的互懂之人，真的开始在婚姻轨道的边缘很认真地徘徊开来。陆小曼甚至曾经慷慨地表示：真爱不是罪恶，在必要时，未尝不可以付出生命的代价来争取，与烈士殉国、教徒殉道，同是一理。

被爱情冲击得有些迷失了道义和道德的徐志摩深有同感，他孤傲地认为，陆小曼是他创作诗歌的最大灵感，勇敢地坚信，此生非陆小曼不再娶。徐志摩在日记中曾这样写道：

> 我爱你朴素，不爱你奢华。你穿上一件蓝布袍，你的眉目间就有一种特异的光彩，我看了心里就觉着不可名状的欢喜。朴素是真的高贵。你穿戴齐整的时候当然是好看的，但那好看是寻常的，人人都认得的，素服时的眉，有我独到的领略。"玩人丧德，玩物丧志"，这话确有道理。
>
> 我恨的是庸凡，平常，琐细，俗；我爱个性的表现。

我的胸膛并不大，决计装不下整个或是甚至部分的宇宙。我的心河也不够深，常常有露底的忧愁。我即使小有才，决计不是天生的，我信是勉强来的；所以每回我写什么多少总是难产，我唯一的靠傍是霎那间的灵通。我不能没有心的平安，眉，只有你能给我心的平安。在你完全的蜜甜的高贵的爱里，我享受无上的心与灵的平安。

徐志摩与陆小曼"大张旗鼓"地恋爱了，一个是有夫之妇，一个是曾经为了昔日的情人抛妻弃子，今天又明目张胆地抢夺好友妻子的徐志摩。

恋爱是一件大事

爱眉小札（节选）

徐志摩

眉，我恨不得立刻与你死去，因为只有死可以给我们想望的清静，相互的永远占有。眉，我来献全盘的爱给你，一团火热的真情，整个儿给你，我也盼望你也一样拿整个，完全的爱还我。

世上并不是没有爱，但大多是不纯粹的，有漏洞的，那就不值钱，平常，浅薄。我们是有志气的，决不能放松一屑屑，我们得来一个直纯的榜样。眉，这恋爱是大事情，是难事情，是关生死超生死的事情——如其要到真的境界，那才是神圣，那才是不可侵犯。有同情的朋友是难得的，我们现有少数的朋友，就思想见解论，在中国是第一流。他们都是真爱你我，看重你我，期望你我的。他们要看我们做到一般人做不到的事，实现一般人梦想的境界。

他们，我敢说，相信你我有这天赋，有这能力；他们的期望是最难得的，但同时你我负着的责任，那不是玩儿。对己，对友，对社会，对天，我们有奋斗到底，做到十全的责任！眉，你知道我近来心事重极了，晚上睡不着不说，睡着了就来怖梦，种种的顾虑整天像刀光似的在心头乱刺，眉，你又是在这样的环境里嵌着，连自由谈天的机会都没有，咳，这真是哪里说起！

眉，我每夜晚在床上寻思时，仿佛觉着发根里的血液一滴滴的消耗，在忧郁的思念中黑发变成苍白。一天二十四小时，心头哪有一刻的平安——除了与你单独相对的俄顷，那是太难得了。眉，我们死去吧，眉，你知道我怎样的爱你，啊眉！

一定是徐志摩和陆小曼的爱太招摇，太放肆了，本来的眉目传情渐渐演变为情书传递。两个都爱浪漫的人，最经不住情诗的诱惑，徐志摩早就被自己的情诗感动、打动了，更何况是陆小曼呢。

昨天早上你不来电话，从九时半到十一时，我简直像是活抱着炮烙似的受罪，心那么的跳，那么的痛，也不知为什么；说你也不信，我躺在榻上直咬着牙，直翻身喘着哪！后来再也忍不住了，自己拿起了电话，心头那阵的狂跳，差一点把我晕了。谁知你一直睡着没有醒，我这自讨苦吃多可笑，但同时你得知道，眉，在恋中人的心理是最复杂的心理，说是最不合理可以，说是最合理也可以。眉，你肯不肯亲手拿刀割破我的胸膛，挖出我那血淋淋的心留着，算是我给你最后的礼物？

今朝上睡昏昏的只是在你的左右，那怖梦真可怕。仿佛有人用妖法来离间我们，把我迷在一辆车上，整天整夜的飞行了三昼夜，旁边坐着一个瘦长的严肃的妇人，像是运命自身，我昏昏的身体动不得，口开不得，听凭那妖车带着我跑，等得我醒来下车的时候，有人来对我说你已另订约了。我说不信，你带约指的手指忽在我眼前闪动。我一见就往石板上一头冲去，一声悲叫，就死在地下——正当你电话铃响把我振醒，我那时虽则醒了，但那一阵的凄惶与悲酸，像是灵魂出了窍似的，可怜呀，眉！我过来正想与你好好的谈半句钟天，偏偏你又得出门就诊去，以后一天就完了，四点以后过的是何等不自然局促的时刻！我与"先生"谈，也是凄凉万状，我们的影子在荷池圆叶上晃着，我心里只是悲惨，眉呀，我心肝的眉呀，你快来伴我死去吧！

如痴如醉的两个痴情人，并不被世人看好，特别是当事两人的父母和亲朋好友。或许陌生人的指责，徐志摩可以视而不见，但是亲朋好友的鄙夷就显得特别令人不舒服了。徐志摩也很气愤，当时的他根本意识不到自己的盲目和冲动。都说冲动是魔鬼，冲动下的爱情是魔鬼中的魔鬼，这话说得一点儿都不假。徐志摩焦灼、愤怒地作诗，以表示自己对世界的不满，向所有对他与陆小曼的情感持反对态度的人表示愤怒：

这是一个懦怯的世界

（徐志摩 创作于1925年2月）

这是一个懦怯的世界，

容不得恋爱，容不得恋爱！

披散你的满头发，

赤露你的一双脚；

跟著我来，我的恋爱，

抛弃这个世界，

殉我们的恋爱！

我拉著你的手，

爱，你跟著我走；

听凭荆棘把我们的脚心刺透，

听凭冰雹劈破我们的头，

你跟著我走，

我拉著你的手，

逃出了牢笼，恢复我们的自由！

跟著我来，

我的恋爱！

人间已经掉落在我们的后背，——

看呀，这不是白茫茫的大海？

白茫茫的大海，

白茫茫的大海，

无边的自由，我与你与恋爱！

顺著我的指头看，

那天边一小星的蓝——

那是一座岛，岛上有青草，

鲜花，美丽的走兽与飞鸟；

快上这轻快的小艇，

去到那理想的天庭——

恋爱，欢欣，自由——

辞别了人间，永远！

　　强调自由的徐志摩，看不惯世人对婚姻的谬论，正如世人不能苟同于徐志摩的过分开放一样。他们认为徐志摩对待感情并不能称之为对自由的一种向往，而是对现实的一种刻意逃避，对家庭和亲人的不负责任。

　　抛开他人的看法，徐志摩始终活在他和陆小曼的二人世界里，在给陆小曼的信中，徐志摩这样写道：

　　这实在是太惨了，怎叫我爱你的不难受？假如你这番深沉的冤曲有人写成了小说故事，一定可使千百个同情的读者滴泪，何况今天我处在这最尴尬最难堪的地位，怎禁得不咬牙切齿的恨，肝肠迸断的痛心呢?真的太惨了，我的乖，你前生作的是什么孽，今生要你来受这样惨酷的报应?无端折断一枝花，尚且是残忍的行为，何况这生生的糟蹋一个最美最纯洁最可爱的灵魂。真是太难了，你的四周全是铜墙铁壁，你便有翅膀也难飞，咳，眼看着一只洁白美丽的稚羊让那满面横肉的屠夫擎着利刀向着她刀刀见血的蹂躏谋杀——旁边站着不少的看客，那羊主人也许在内，不但不动怜惜，反而称赞屠夫的手段，好像他们都挂着馋涎想分尝美味的羊羔哪!咳，这简直的不能想，实有的与想象的悲惨的故事我亦闻见过不少，但我爱，你现在所身受的却是谁都不曾想到过，更有谁有胆量来写?我倒劝你早些看哈代那本*Jude The Obscure*（《无名的裘德》)吧，那书里的女子Sue你一定很可同情她，哈代写的结果叫人不忍卒读，但你得明白作者的意思，将来有机会我对你细讲。

——《爱眉小札》节选

（徐志摩　1925年3月3日　北京）

傻气的人喜欢给心

就在徐志摩坚强地顶着来自各方的压力之时，远洋在英的恩厚之写给徐志摩一封信，信上透露出，伟大的印度诗哲泰戈尔的身体状况出现了问题，他特别思念他的忘年之交徐志摩，希望在此时身体状况每况愈下的时候能够见上一面。

此时的徐志摩很纠结，他一方面想去慰问忘年之交，他也担心这次不见以后就很难再见了，又或者再也没有机会可见；另一方面，他与陆小曼正在疯狂地恋爱着，如胶似漆，精神支柱难免会因为短暂的分别而坍塌，他不忍也不甘。经过深思熟虑，纠结再纠结，徐志摩最终决定去欧洲看望泰戈尔。他坚信，这次离开至少有三个好处：首先，能够让处于风口浪尖的徐陆爱情话题渐渐降温，细想想，人都不在一起了，还会继续被唾弃吗？其次，能够看望泰戈尔是徐志摩的一个心愿，此行不负他们被称赞的"忘年交情"；第三，徐志摩的前妻张幼仪携子正在国外生活，此行也能与他们再度团聚。

　　带着不舍和眷恋，徐志摩踏上了驶向远方的游轮。此时的王赓早已去哈尔滨担任警察厅的厅长了。在没有任何牵绊的情况下，陆小曼对徐志摩的思念也就变得更加肆无忌惮。徐志摩逝世后，由他的未亡人陆小曼整理并出版的《爱眉小札》就记录了二人多年来的书信和情书。其中，1925年3月11日至7月11日，陆小曼写的日记的内容约占整本书的四分之一；1925年8月9日至8月31日，徐志摩在北京写的日记与9月5日至9月17日写于上海的日记占整本书的四分之三。

　　出发前，徐志摩还写信给陆小曼，表达自己的不舍和担心：

　　　　我在十几个钟头内就要走了，丢开你走了，你怨我忍心不是？我也自认我这回不得不硬一硬心肠，你也明白我这回去是我精神的与知识的"散拿吐瑾"（散拿吐瑾，一种药物）。我受益就是你受益，我此去得加倍的用心，你在这时期内也得加倍的奋斗，我信你的勇气这回就是你试验、实证你勇气的机会，我人虽走，我的心不离开你，要知道在我与你的中间有的是无形的精神线，彼此的悲欢喜怒此后是会相通的，你信不信？（身无彩凤双飞翼，心有灵犀一点通。）我再也不必嘱咐，你已经有了努力的方向，我预知你一定成功，你这回冲锋上去吧，死了也是成功！有我在这里，阿龙，放大胆子，上前去吧，彼此不要辜负了，再会！

　　　　　　　　　　　　　　　　　　（徐志摩写于1925年3月10日）

徐志摩与陆小曼拉开距离的那段时间，可谓距离产生美！越是见不到面，他们越是思念得肝肠寸断，一种撕心裂肺的伤感和无助油然而生。这种感情，徐志摩只对林徽因有过，而且还是单方面的。林徽因自从跟梁思成订婚之后就几乎没再与徐志摩见过面。直到1928年年底，梁启超病危，徐志摩去探望恩师的时候才有过与林徽因的见面和简短的交谈。

但是陆小曼不同于林徽因，她对徐志摩，对属于她的自由和爱情的执着与投入都是显而易见的。徐志摩给予陆小曼多少爱和情，陆小曼只多不少地回应给徐志摩，这自然令徐志摩不舍不忘地思念了。

张幼仪与徐志摩也有过很长一段时间的两地分居，但徐志摩却从未有过任何对张幼仪的思念情感，就连给徐申如写的家信中也都吝啬得很少提起张幼仪。这种感情上的迥异却不能说徐志摩当初对张幼仪无情，至少在徐志摩此番对陆小曼的情感上就可断定，徐志摩是有情的，甚至有点儿多的那种。

徐志摩开始用分秒的时间计算他的思念了：

一点二十分！

一点半——Marvellous！！

一点三十五分——Life is too charming, too charming indeed, Haha！！

一点三刻——O' is that the way woman love！Is that the way woman love！

一点五十五分——天呀！

两点五分——我的灵魂里的血一滴滴的在那里吊……

两点十八分——疯了！

两点三十分——

两点四十分

"o the pity of it, the pity of it, Iago!" Christ, what a hell is packed into that line! Each syllable bleeds when you say it...

两点五十分——静极了。

三点七分——

三点二十五分——火都没了！

三点四十分——心茫然了！

五点欠一刻了，咳！

六点三十分

七点二十七分

（徐志摩写于1925年8月16日）

来到欧洲之后，徐志摩见到了泰戈尔，也见到了多年前走后至此时的周遭和氛围，他除了写信给陆小曼，还为有情人作诗多首，其中的《翡冷翠的一夜》就是最为著名的一首：

翡冷翠的一夜

徐志摩

你真的走了，明天？那我，那我……
你也不用管，迟早有那一天；
你愿意记着我，就记着我，
要不然趁早忘了这世界上
有我，省得想起时空着恼，
只当是一个梦，一个幻想；
只当是前天我们见的残红，
怯怜怜的在风前抖擞，一瓣，
两瓣，落地，叫人踩，变泥……
唉，叫人踩，变泥——变了泥倒干净，
这半死不活的才叫是受罪，
看着寒伧，累赘，叫人白眼——
天呀！你何苦来，你何苦来……
我可忘不了你，那一天你来，
就比如黑暗的前涂见了光彩，
你是我的先生，我爱，我的恩人，
你教给我甚么是生命，甚么是爱，
你惊醒我的昏迷，偿还我的天真。
没有你我那知道天是高，草是青？
你摸摸我的心，它这下跳得多快；
再摸我的脸，烧得多焦，亏这夜黑

看不见；爱，我气都喘不过来了，
别亲我了；我受不住这烈火似的活，
这阵子我的灵魂就像是火砖上的
熟铁，在爱的锤子下，砸，砸，火花
四散的飞洒……我晕了，抱着我，
爱，就让我在这儿清静的园内，
闭着眼，死在你的胸前，多美！
头顶白杨树上的风声，沙沙的，
算是我的丧歌，这一阵清风，
橄榄林里吹来的，带着石榴花香，
就带了我的灵魂走，还有那萤火，
多情的殷勤的萤火，有他们照路，
我到了那三环洞的桥上再停步，
听你在这儿抱着我半暖的身体，
悲声的叫我，亲我，摇我，咂我……
我就微笑的再跟着清风走，
随他领着我，天堂，地狱，那儿都成，
反正丢了这可厌的人生，实现这死
在爱里，这爱中心的死，不强如
五百次的投生？……自私，我知道，
可我也管不着……你伴着我死？
什么，不成双就不是完全的"爱死"，
要飞升也得两对翅膀儿打伙，

进了天堂还不一样的要照顾，

我少不了你，你也不能没有我；

要是地狱，我单身去你更不放心，

你说地狱不定比这世界文明

（虽则我不信，）像我这娇嫩的花朵，

难保不再遭风暴，不叫雨打，

那时候我喊你，你也听不分明，——

那不是求解脱反投进了泥坑，

倒叫冷眼的鬼串通了冷心的人，

笑我的命运，笑你懦怯的粗心？

这话也有理，那叫我怎么办呢？

活着难，太难，就死也不得自由，

我又不愿你为我牺牲你的前程……

唉！你说还是活着等，等那一天！

有那一天吗？——你在，就是我的信心；

可是天亮你就得走，你真的忍心

丢了我走？我又不能留你，这是命；

但这花，没阳光晒，没甘露浸，

不死也不免瓣尖儿焦萎，多可怜！

你不能忘我，爱，除了在你的心里，

我再没有命；是，我听你的话，我等，

等铁树儿开花我也得耐心等；

爱，你永远是我头顶的一颗明星：

要是不幸死了，我就变一个萤火，

在这园里，挨著草根，暗沈沈的飞，

　黄昏飞到半夜，半夜飞到天明，

只愿天空不生云，我望得见天，

天上那颗不变的大星，那是你，

但愿你为我多放光明，隔着夜，

隔着天，通着恋爱的灵犀一点……

（写于1925年6月11日，翡冷翠山中）

如果方向错了，停下来就是前进

徐志摩有一位故交——在中国画坛素有"叛逆"之称的著名画家刘海粟。这位刘大高人同时还是陆小曼的老师，徐志摩在感情上饱受夹击的时候请他出山，希望能够游说陆小曼的父母，替换掉王赓，并接纳他徐志摩为婿。徐志摩与陆小曼那时候的轰动全国文化圈的爱情故事，刘海粟自然也是知道的，他可不打算蹚这个浑水。不过，徐志摩在最先游说刘海粟时说了一句话，恰好触动了刘海粟的心弦，并最终表示愿意出面调和此事。

当时，徐志摩见缝插针地对刘海粟说："海粟，这样下去小曼是要愁坏的，她太苦了，身体也会垮的。"由此可见，刘海粟也是一个至情至性之人。

于是，刘海粟做东，宴请了包括徐志摩、陆小曼、王赓在内的多个好友一起聚会闲聊。当时，王赓一上场，他就知道事情的大概了，但是他非常绅士地选择了默许，或是逃避，总之，并没有像陆小曼想象中的那样暴跳如雷发脾气。

这场"鸿门宴"过去了两个月，王赓既没爆发，也没有和陆小曼摊牌，他是在给陆小曼回心转意的机会，也是再给自己铺设一个合适的台阶。这一天，王赓终于将自己的所思所想告诉给了陆小曼："小曼，我想了很久很久，既然你跟我一起生活感到没有乐趣，既然我不能给你所希冀的那种生活，那么，我们只能分开。宴会后的这两个月里，我一直在考虑，我感觉到我还是爱你的，同时我也在给你一段时间考虑，你觉得你和志摩是否真的相配？"隔了一会儿，他看陆小曼闭口不言，就说："看来，你主意已定，那么，我也不再阻拦。"

王赓放手了，结婚三年后的1925年年底，陆小曼与王赓离婚。这恐怕就是继徐志摩与张幼仪的中国近现代史上第一例离婚事件之后的"第二例"吧。

陆小曼离婚之后，最高兴的自然是徐志摩，想要抱得美人归都要想疯了的他，于1926年年初就回老家"探亲"，最真实的意图自然是征求徐父徐母的同意了。但徐父徐母也有要求在先：首先，徐志摩和陆小曼的婚礼费用，徐家不出一分钱，要么请求陆家支援，要么小夫妻自己承担；其次，婚礼必须由胡适做介绍人，梁启超为证婚人；第三，婚后的他们必须回南方老家与父母一起生活。

只要能够与陆小曼在一起，对这个时候父母提出的任何条件，徐志摩一点儿都不觉得苛刻，他照单全收了。1926年8月14日，农历的七月初七，牛郎织女相会的日子，徐志摩和陆小曼订婚了；1926年10月3日，徐志摩与陆小曼在北海公园设宴，举行了一场并不盛大但却空前绝后的婚礼。之所以说这场婚礼空前绝后，当是梁启超赠予爱徒的另类证婚词了：

> 志摩、小曼，你们两个都是过来人，我在这里提一个希望，希望你们万勿再做一次过来人。婚姻是人生的大事，万万不可视作儿戏。现时青年，口口声声标榜爱情，试问，爱情又是何物？这在未婚男女之间犹有可说，而有室之人，有夫之妇，侈谈爱情，便是逾矩了。试问你们为了自身的所谓幸福，弃了前夫前妻，何曾为他们的幸福着想？
>
> 古圣有言：己所不欲，勿施于人。此话当不属封建思想吧，建筑在他人痛苦之上的幸福，有什么荣耀，有什么光彩？
>
> 徐志摩，你这个人性情浮躁，所以在学问方面没有成就；你这个人用情不专，以至于离婚再娶。小曼！你要认真做人，你要尽妇道之职。你今后不可以妨害徐志摩的事业……你们两人都是过来人，离过婚重新结婚，都是用情不专。以后要痛自悔悟，重新做人！愿你们这是最后一次结婚！

梁启超的"恶毒"祝福并不是厌恶他的学生，虽说徐志摩的一些做派不被梁启超认同，但梁启超还不至于给徐志摩穿小鞋，他的另类证婚词更多的是在提醒徐志摩。这位"得道高人"早已看到了徐志摩与陆小曼之间存在的不幸福因子，此时的点拨只希望能够引起他们的注意，最好是能够有所改善，这样可能也会成就一段佳偶良缘。

但是，徐志摩那个时候怎能看到那么深远的问题呢？他的世界里，此时此刻只有陆小曼和他们的婚姻。以至于，婚后的徐志摩和陆小曼果然如梁启超"预言"的一样，开始出现了裂痕，难以缝补的裂痕。

虽说徐志摩与陆小曼同是爱热闹、向往自由的新新人类，但他们的自由和热闹是有区别的：徐志摩喜欢的自由，是情感上的创意和诗歌世界中的"任意妄为"，而陆小曼认为的自由，则是无拘无束地生活，不被任何事物所牵绊；徐志摩向往的热闹，是志同道合的人聚在一起高谈阔论，就像他的新月社一样，而陆小曼所谓的热闹，是各种歌舞娱乐和交际。

徐志摩与陆小曼之间的感情裂痕，另一个催化剂来自徐父徐母的"不认同"。徐家二老不喜欢陆小曼的做派，在他们婚后不久，就痛定思痛将二人赶出了徐家大院，在之后的不久又断了对二人的一切经济支援，就连徐母病危和逝世，陆小曼都不被允许踏进徐家大门半步。更令陆小曼难堪的是，徐志摩的前妻张幼仪，居然可以凭"义女"的身份成为徐家的堂上贵宾，以家人的身份送徐母最后一程。

在没有了来自父亲的经济支援后，徐志摩不得不多打几份"零工"来赚取生活费。他在光华、东吴、大夏三所学府任教，后来又出任北大教授，繁忙奔波于北京、上海两地。因为陆小曼不喜欢北京，更不愿意离开上海，所以不肯跟随徐志摩去北京一起生活。为了节约生活成本，徐志摩只有在特别思念陆小曼的时候，才"借"坐他人的免费飞机回上海看望陆小曼。

一个堂堂的北大教授，居然这么"吝啬"于自己的出行工具，是北大克扣了他的工资和待遇吗？自然不是，是因为陆小曼这个时候开始吸食鸦片了。鸦片就是一个无底洞，徐志摩除了拼命地赚钱之外，别无选择。他也不是不想让陆小曼戒掉毒瘾，但陆小曼的身体不好，在他们刚认识的时候他就听王赓提起过小曼身体不好的事，而现在鸦片能够麻痹一时的痛苦。在戒毒与不戒毒之间，徐志摩纠结了很久，最后的决定是——默许陆小曼继续吸食鸦片。

1929年，徐志摩曾经为暨南大学文学社团做过一次演讲，题目为"秋"，话语中流露出他对生活和事业的困惑：

> 两年前，在北京，有一次，也是这么一个秋风生动的日子，我把一个人的感想比作落叶，从生命那树上掉下来的叶子。落叶，不错，是衰败和凋零的象征，它的情调几乎是悲哀的。但是那些在半空里飘摇，在街道上颠倒的小树叶儿，也未尝没有它们的妩媚，它们的颜色，它们的意味，在少数有心人看来，它们在这宇宙间并不是完全没有地位的。"多谢你们的摧残，使我们得到解放，得到自由。"它们仿佛对无情的秋风说。"劳驾你们了，把我们踹成粉，踩成泥，使我们得到解脱，实现消灭。"它们又仿佛对不经心的人们这么说。因为看着，在春风回来的那一天，这叫卑微的生命的种子又会从冰封的泥土里翻成一

个新鲜的世界。它们的力量，虽则是看不见，可是不容疑惑的。

我那时感着的沈闷，真是一种不可形容的沈闷。它仿佛是一座大山，我整个的生命叫它压在底下。我那时的思想简直是毒的，我有一首诗，题目就叫《毒药》，开头的两行是——

"今天不是，我歌唱的日子，我口边涎着狞恶的冷笑，不是我说笑的日子，我胸怀间插着发冷光的刀剑；相信我，我的思想是恶毒的，因为这世界是恶毒的，我的灵魂是黑暗的，因为太阳已经灭绝了光彩，我的声调，像是坟堆里的夜枭，因为人间已经杀尽了一切的和谐，我的口音，像是冤鬼责问他的仇人，因为一切的恩已经让路给一切的怨。"

我借这一首不成形的咒诅的诗，发泄了我一腔的闷气，但我却并不绝望，并不悲观，在极深刻的沈闷的底里，我那时还摸着了希望。所以我在《婴儿》——那首不成形诗的最后一节——那诗的后段，在描写一个产妇在她生产的受罪中，还能含有希望的句子。

在我那时带有预言性的想像中，我想望着一个伟大的革命。因此我在那篇《落叶》的末尾，我还有勇气来对付人生的挑战，郑重的宣告一个态度，高声的喊一声"Everlasting yea"。

"Everlasting yea." "Everlasting yea." 一年，

一年，又过去了两年。这两年间我那时的想望有实现的没有？那伟大的《婴儿》有出世了没有？我们的受罪取得了认识与价值没有？

我不知道，我不知道。我知道的还只是那一大堆丑陋的臃肿的沈闷，压得瘪人的沈闷，笼盖着我的思想，我的生命。它在我的经络里，在我的血液里。我不能抵抗，我再没有力量。

……

当徐志摩与陆小曼的感情生活开始出现裂缝的时候，徐志摩恰好又遇见了林徽因。多年不见，已为人妻的林徽因并未有太多的变化，依然年轻貌美，依然能够让徐志摩怦然心动。

所以，有林徽因的场合，徐志摩都非常主动地要求参与。

1931年11月，林徽因准备在协和小礼堂举办一场别开生面的“中国古代建筑鉴赏”交流会，面向的人多为各国驻华使节。林徽因在与徐志摩的对话中曾说：“11月19日晚，我要在协和小礼堂给外国使节讲中国建筑艺术。如果你那时还在北平，不妨前来一听。”

徐志摩闻讯，当即回信说：“我一定如期赶回来，做你的忠实听众。”

就是这份许诺，成了徐志摩的夺命之诺，让中国近现代文坛过早地失去了一位诗歌创作大家，也让那个为爱痴为爱狂的陆小曼失去了顶梁柱。

　　陆小曼是民国时期最有名气、最高贵的社交名媛，并不是俗气的交际花。她的智慧，她对北洋政府时期的中国外交界所做出的贡献不容亵渎，当然，也没有人去亵渎她的纯美。只是，徐志摩的离世仿佛让这个美好的女子忘了自己，像上帝遗落在人间的精灵。在徐志摩离开的岁月里，她开始放纵自己，与形形色色的男人交往，对于爱，她只做不谈。

捌

逝者矣，他人悲忆

轻轻的我走了

徐志摩一生创作了很多至今仍名扬中外的诗歌、散文，由他牵头创造出的诗歌新潮"新月派"也影响了至少一个时代。徐志摩创作的诗歌中最为著名的非《再别康桥》莫属。1920年弃美赴英的徐志摩，一来到剑桥大学就与这里一见钟情。从一些浪漫的诗歌中可以看出，徐志摩在剑桥的那段青葱岁月真的是过得惬意、舒心。

《〈猛虎集〉序》中，徐志摩写道："但生命的把戏是不可思议的！我们都是受支配的善良的生灵，那件事我们作得了主？整十年前我吹着了一阵奇异的风，也许照着了什么奇异的月色，从此起我的思想就倾向于分行的抒写。一份深刻的忧郁占定了我；这忧郁，我信，竟于渐渐的潜化了我的气质。"《吸烟与文化》中，徐志摩非常透彻地表示出他对剑桥的别样情怀："我的眼是康桥教我睁的，我的求知欲是康桥给我拨动的，我的自我的意识是康桥给我胚胎的。"

由此可见，徐志摩对剑桥的情，像初恋，是一生都不会淡漠的情怀。所以，在从英国留学回来之前，徐志摩分别创作了《康桥再会罢》《康桥西野暮色》等作品，并于回国后发表。在1925年3月—7月，徐志摩的"欧洲行"中避免不了地有着英国剑桥。那个时候恰逢徐志摩疯狂地追求着陆小曼，但又不被所有人看好和祝福，只得借着去探望生病的泰戈尔出来"散散心"了。1928年，徐志摩第三次来到英国剑桥，并留下了脍炙人口的那首《再别康桥》。

康桥再会罢

康桥，再会罢；

我心头盛满了别离的情绪，

你是我难得的知己，我当年

辞别家乡父母，登太平洋去，

（算来一秋二秋，已过了四度

春秋，浪迹在海外，美土欧洲）

扶桑风色，檀香山芭蕉况味，

平波大海，开拓我心胸神意，

如今都变了梦里的山河，

渺茫明灭，在我灵府的底里；

我母亲临别的泪痕，她弱手

向波轮远去送爱儿的巾色，

海风咸味，海鸟依恋的雅意，

尽是我记忆的珍藏，我每次

摩按，总不免心酸泪落，便想

理箧归家，重向母怀中匐伏，
回复我天伦挚爱的幸福；
我每想人生多少跋涉劳苦，
多少牺牲，都只是枉费无补，
我四载奔波，称名求学，毕竟
在知识道上，采得几茎花草，
在真理山中，爬上几个峰腰，
钧天妙乐，曾否闻得，彩红色，
可仍记得?——但我如何能回答?
我但自熏楼高车快的文明，
不曾将我的心灵污抹，今日
我对此古风古色，桥影藻密，
依然能坦胸相见，惺惺惜别。
康桥，再会罢!
你我相知虽迟，然这一年中
我心灵革命的怒潮，尽冲泻
在你妩媚河身的两岸，此后
清风明月夜，当照见我情热
狂溢的旧痕，尚留草底桥边，
明年燕子归来，当记我幽叹
音节，歌吟声息，缦烂的云纹
霞彩，应反映我的思想情感，
此日撒向天空的恋意诗心，

赞颂穆静腾辉的晚景，清晨
富丽的温柔;听!那和缓的钟声
解释了新秋凉绪，旅人别意，
我精魂腾耀，满想化入音波，
震天彻地，弥盖我爱的康桥，
如慈母之于睡儿，缓抱软吻;
康桥!汝永为我精神依恋之乡!
此去身虽万里，梦魂必常绕
汝左右，任地中海疾风东指，
我亦必纡道西回，瞻望颜色;
归家后我母若问海外交好，
我必首数康桥，在温清冬夜
蜡梅前，再细辨此日相与况味;
设如我星明有福，素愿竟酬，
则来春花香时节，当复西航，
重来此地，再捡起诗针诗线，
绣我理想生命的鲜花，实现
年来梦境缠绵的销魂踪迹，
散香柔韵节，增媚河上风流;
故我别意虽深，我愿望亦密，
昨宵明月照林，我已向倾吐
心胸的蕴积，今晨雨色凄清，
小鸟无欢，难道也为是怅别

情深，累藤长草茂，涕泪交零！

康桥！山中有黄金，天上有明星，

人生至宝是情爱交感，即使

山中金尽，天上星散，同情还

永远是宇宙间不尽的黄金，

不昧的明星；赖你和悦宁静

的环境，和圣洁欢乐的光阴，

我心我智，方始经爬梳洗涤，

灵苗随春草怒生，沐日月光辉，

听自然音乐，哺啜古今不朽

——强半汝亲栽育——的文艺精英；

恍登万丈高峰，猛回头惊见

真善美浩瀚的光华，覆翼在

人道蠕动的下界，朗然照出

生命的经纬脉络，血赤金黄，

尽是爱主恋神的辛勤手绩；

康桥！你岂非是我生命的泉源？

你惠我珍品，数不胜数；最难忘

骞士德顿桥下的星磷坝乐，

弹舞殷勤，我常夜半凭阑干，

倾听牧地黑野中倦牛夜嚼，

水草间鱼跃虫嗤，轻挑静寂；

难忘春阳晚照，泼翻一海纯金，

淹没了寺塔钟楼，长垣短堞，

千百家屋顶烟突，白水青山，

难忘茂林中老树纵横;巨干上

黛薄茶青，却教斜刺的朝霞，

抹上些微胭脂春意，忸怩神色;

难忘七月的黄昏，远树凝寂，

像墨泼的山形，衬出轻柔暝色，

密稠稠，七分鹅黄，三分橘绿，

那妙意只可去秋梦边缘捕捉;

难忘榆荫中深宵清啭的诗禽，

一腔情热，教玫瑰噙泪点首，

满天星环舞幽吟，款住远近

浪漫的梦魂，深深迷恋香境;

难忘村里姑娘的腮红颈白;

难忘屏绣康河的垂柳婆娑，

婀娜的克莱亚，硕美的校友居;

——但我如何能尽数，总之此地

人天妙合，虽微如寸芥残垣，

亦不乏纯美精神;流贯其间，

而此精神，正如宛次宛士所谓

"通我血液，浃我心脏"，

有"镇驯矫饬之功";

我此去虽归乡土，

而临行怫怫，转若离家赴远；
康桥!我故里闻此，能弗怨汝
僭爱，然我自有谠言代汝答付；
我今去了，记好明春新杨梅
上市时节，盼望我含笑归来，
再见罢，我爱的康桥。

（徐志摩创作于1922年8月10日，首次发表于1923年3月21日上海《时事新报》副刊《学灯》，初收1925年8月中华书局《志摩的诗》。）

康桥西野暮色

一个大红日挂在西天

紫云绯云褐云

簇簇斑斑田田

青草黄田白水

郁郁密密鬑鬑

红瓣黑蕊长梗

罂粟花三三两两

一大块透明的琥珀

千百折云凹云凸

南天北天暗暗默默

东天中天舒舒阓阓

宇宙在寂静中构合
太阳在头赫里告别
一阵临风
几声"可可"

一颗大胆的明星
仿佛骄矜的小艇
抵牾着云涛云潮
兀兀漂漂潇潇
侧眼看暮焰沉销
回头见伙伴来了

晚霞在林间田里
晚霞在原上溪底
晚霞在风头风尾
晚霞在村姑眉际
晚霞在燕喉鸦背
晚霞在鸡啼犬吠

晚霞在田陇陌上
陌上田陇行人种种
白发的老妇老翁
屈躬咳嗽龙钟

农夫工罢回家

肩锄手篮口衔菰巴

白衣裳的红腮女郎

攀折几茎白葩红英

笑盈盈翳入绿荫森森

跟着肥满蓬松的"北京"

罂粟在凉园里摇曳

白杨树上一阵鸦啼

夕照只剩了几痕紫气

满天镶嵌着星巨星细

田里路上寂无声响

榆荫里的村屋微泄灯芒

冉冉有风打树叶的抑扬

前面远远的树影塔光

罂粟老鸦宇宙婴孩

一齐沉沉奄奄眠熟了也

（徐志摩创作于1922年8月之前留学英国期间,发表于1923年7月6日《时事新报》副刊《学灯》。）

再别康桥

轻轻的我走了，

正如我轻轻的来；

我轻轻的招手，

作别西天的云彩。

那河畔的金柳，
是夕阳中的新娘；
波光里的艳影，
在我的心头荡漾。

软泥上的青荇，
油油的在水底招摇；
在康河的柔波里，
我甘心做一条水草！

那榆荫下的一潭，
不是清泉，是天上虹；
揉碎在浮藻间，
沈淀着彩虹似的梦。

寻梦？撑一支长篙，
向青草更青处漫溯；
满载一船星辉，
在星辉斑斓里放歌。

但我不能放歌，

悄悄是别离的笙箫；

夏虫也为我沈默，

沈默是今晚的康桥！

悄悄的我走了，

正如我悄悄的来；

我挥一挥衣袖，

不带走一片云彩。

（徐志摩创作于1928年11月6日。）

徐志摩一定没有想到，他的离去真的很轻，很轻，轻到在无际的天边也未能留下一片云彩。1931年11月19日，徐志摩乘坐中国航空公司"济南号"邮政飞机由南京飞往北京（当时叫北平），去赴林徽因在北平协和小礼堂举办的有关中国建筑艺术的演讲会。当飞机抵达济南南部党家庄上空时，突如其来的大雾弥漫了整个机身，机组成员无法辨别方向和安全性，机师凭借自己的经验努力寻找着相对准确、安全的航线，希望通过降低飞机的飞行高度尽可能规避风险。

正是机师的求生欲让他们更加迅速地迎接了死神的到来。因为飞机的飞行高度逐渐降低，加之大雾遮挡住了视线，所以，当时的机师也不知道飞机降低的高度到了什么样的程度。直到砰的一声，"济南号"撞在了白马山（又称开山）上，随即又坠入到了山谷中，机身迅速起火，"济南号"上所有成员无一生还。我们年轻的诗人徐志摩的生命，就此画上了可悲可泣的句号。

学会了承受，才懂得放手

　　1931年11月19日那天中午，"济南号"失事之前，陆小曼房间里镶着徐志摩照片的相框突然掉了，她的心不由自主地怦怦乱跳起来，难以平复。没想到，11月20日早上，南京航空公司的保君健就跑到徐志摩和陆小曼在上海的家，并带来了令陆小曼难以接受的噩耗。

　　陆小曼是哭了昏，醒了再继续哭，那种悲痛难以名状。用郁达夫的形容就是："悲哀的最大表示，是自然的目瞪口呆，僵若木鸡的那一种样子，这我在小曼夫人当初接到志摩的凶耗的时候曾经亲眼见到过。其次是抚棺的一哭，这我在万国殡仪馆中，当日来吊的许多志摩的亲友之间曾经看到过。"陆小曼清醒后，便坚持认为徐志摩没有死，拒绝去认领遗体。最后，大家决定派徐志摩的儿子徐积锴(张幼仪所生)去山东接回遗体。

　　徐志摩的遗物中，唯一保存完好的是一幅画，那是陆小曼在1931年春季创作的，是陆小曼画作中的早期作品，这幅山水长卷上还留有邓以蛰、胡适、杨铨、贺天健、梁鼎铭、陈蝶野等人的手书，画卷因在铁匣中而避免在大爆炸中灰飞烟灭。徐志摩是想将它带到北平请人题词的，没想到，画在，人却永远不在了。

陆小曼睹物思人，直到生命的最后一刻，也都好好地珍藏着这幅画卷，视其如自己的生命般宝贵。徐志摩离开后，最受打击的是陆小曼，因为之前不愿意同徐志摩北上而让徐志摩不得不奔波往返，所以她让很多亲友感到不满。从此，那个特别喜爱舞动交际圈的陆小曼再也不去交际了。徐志摩逝世一个月之后，陆小曼写下了动情的篇章——《哭摩》：

　　我深信世界上怕没有可以描写得出我现在心中如何悲痛的一支笔。不要说我自己这支轻易也不能动的一支。可是除此我更无可以泄我满怀伤怨的心的机会了，我希望摩的灵魂也来帮我一帮。苍天给我这一霹雳直打得我满身麻木得连哭都哭不出，混身只是一阵阵的麻木。几日的昏沉直到今天才醒过来知道你是真的与我永别了。摩！慢说是你，就怕是苍天也不能知道我现在心中是如何的疼痛，如何的悲伤！从前听人说起"心痛"我老笑他们虚伪，我想人的心怎会觉得痛，这不过说说好听而已，谁知道我今天才真的尝着这一阵阵心中绞痛似的味儿了。你知道么？曾记得当初我只要稍有不适即有你声声的在旁慰问，咳，如今我即使是痛死也再没有你来低声下气的慰问了。摩，你是不是真的忍心永远的抛弃我了么？你从前不是说你我最后的呼吸也须要连在一起才不负你我相爱之情么？你为什不早些告诉我是要飞去呢？直到如今我还是不信你真的是飞了，我还是在这儿天天盼着你回来陪我呢，你快点将未了的事情办一下，来同我一同去到云外去优游去吧，你不要一个人在外逍遥，忘记了闺中还有我等着呢。

这不是做梦么？生龙活虎似的你倒先我而去，留着一个病恹恹的我单独与这满是荆棘的前途来奋斗。志摩，这不是太惨了么？我还留恋些什么？可是回头看看我那苍苍白发的老娘，我不由一阵阵只是心酸，也不敢再羡你的清闲爱你的优游了，我再哪有这勇气，去丢她这个垂死的人而与你双双飞进这云天里去围绕着灿烂的明星跳跃，忘却人间有忧愁有痛苦像只没有牵挂的梅花鸟。这类的清福怕我还没有缘去享受！我知道我在尘世间的罪还未满，尚有许多的痛苦与罪孽还等着我去忍受呢。我现在唯一的希望是你倘能在一个深沉的黑夜里，静静凄凄地放轻了脚步走到我的枕边给我些无声的私语让我在梦魂中知道你！我的大大是回家来探望你那忘不了你的爱来了，那时间，我决不张惶！你不要慌，没人会来惊扰我们的。多少你总得让我再见一见你那可爱的脸我才有勇气往下过这寂寞的岁月，你来吧，摩！我在等着你呢。

事到如今我一些也不怨，怨谁好？恨谁好？你我五年的相聚只是幻影，不怪你忍心去，只怪我无福留，我是太薄命了，十年来受尽千般的精神痛苦，万样的心灵摧残，直将我这颗心打得破碎得不可收拾？到今天才真变了死灰的了也再不会发出怎样的光彩了。好在人生的刺激与柔情我也曾尝味，我也曾容忍过了。现在又受到了人生最可怕的死别。不死也不免是朵憔悴的花瓣再见不着阳光晒也不见甘露漫了。从此我再不能知道世间有我的笑声了。

经过了许多的波折与艰难才达到了结合的日子，你我那时快乐直忘记了天有多高地有多厚，也忘记了世界上有忧愁二字，快活的日子过得与飞一般快，谁知道不久我们又走进忧城。病魔不断地来缠着我，它带着一切的烦恼，许多的痛苦，那时间我身体上受到了不可言语的沉痛，你精神上也无端的沉入忧闷，我知道你见我病身呻吟，转侧床第，你心坎里有说不出的怜惜，满肠中有无限的伤感，你曾慰我，我无从使你再有安逸的日子，摩，你为我荒废了你的诗意，失却了你的文兴，受着一般人的笑骂，我也只是在旁默然自恨，再没有法子使你像从前的欢笑。谁知你不顾一切的还是成天的安慰我，叫我不要因为生些病就看得前途只是黑暗，有你永远在我身边不要再怕一切无谓的闲论。我就听着你静心平气的养，只盼着天可怜我们几年的奋斗，给我们一个安逸的将来，谁知道如今一切都是幻影，我们的梦再也不能实现了，早知有今日何必当初你用尽心血将我抚养呢？让我前年病死了，不是痛快得多么？你常说天无绝人之路，守着好了，哪知天竟绝人如此，哪里还有我平坦走着的道儿？这不是命么？还说什么？摩，不是我到今天还在怨你，你爱我，你不该轻身，我为你坐飞机，吵闹不知几次，你还是忘了我的一切的叮咛，瞒着我独自地飞上天去了。

完了，完了，从此我再也听不到你那叽咕小语了，我心里的悲痛你知道么？我的破碎的心留着等你来补呢，你知道么？唉，你的灵魂也有时归来见我么？那天晚上我在朦胧中见着你往我身边跑，只是那一霎眼的就不见了，等我跳着，叫着你，也再不见一些模糊的影子了，咳，你叫我从此怎样度此孤单的日月呢？真是叫天天不应，叫地地不响，苍天如何给我这样惨酷的刑罚呢！从此我再不信有天道，有人心，我恨这世界，我恨天，恨地，我一切都恨，我恨他们为什么抢了我的你去，生生的将我们两颗碰在一起的心离了开去，从此叫我无处去摸我那一半热血未干的心，你看，我这一半还是不断地流着鲜红的血，流得满身只成了个血人。这伤痕除了那一半的心血来补，还有什么法子不叫她不病满的直流呢？痛死了有谁知道，终有一天流完了血自己就枯萎了。若是有时候你清风一阵的吹回来见着我成天为你滴血的一颗心，不知道又要如何的怜惜如何的张惶呢！我知道你又看着两个小猫似眼珠儿乱叫乱叫着，看，着，的了，我希望你叫高声些，让我好听得见，你知道我现在只是一阵阵糊涂，有时人家大声地叫着我，我还是东张西望不知声音是何处来的呢，大大，若是我正在接近着梦边，你也不要怕扰了我的梦魂像平常似的不敢惊动我，你知道我再不会骂你了，就是你扰我不睡我也不敢再怨了，因为我只要再能得到你一次的扰，我就可以责问他们因何骗我说你不再回来，让他们看着我的摩还是丢不了我，乖乖地又回来陪伴着我了，这一回我可一定紧紧地搂抱你再不能叫你飞出我的怀抱了。天呀！可怜我，再让你回来一次吧！我没有得罪你，为什么罚我呢？摩！我这儿叫你呢，我喉咙里叫得直要冒血了，你难道还没有听见么？直叫到铁树开花，枯木发声，我还是忍心等着，你一天不回来，我一天的叫，等若我哪天没有了气我才甘心地丢开这唯一的希望。

你这一走不单是碎了我的心，也收了不少朋友伤感的痛泪。这一下真使人们感觉到人世的可怕，世道的险恶，没有多少日子竟会将一个最纯白最天真不可多见的人收了去，与人世永诀。在你也许到了天堂，在那儿还一样过你的欢乐的日子，可是你将我从此就断送了。你以前不是说要我清风似的常在你的左右么？好，现在倒是你先化着一阵清风飞去天边了，我盼你有时也吹回来帮着我做些未了的事情，只要你有耐心的话，最好是等着我将人世的事办完了同着你一同化风飞去，让朋友们永远只听见我们的风声而不见我们的人影，在黑暗里我们好永远逍遥自在的飞舞。

我真不明白你我在佛经上是怎样一种因果，既有缘相聚又因何中途分散，难道说这也有一定的定数么？记得我在北平的时候，那时还没有认识你我是成天的过着那忍泪假笑的生活。我对人老含着一片至诚纯白的心而结果反遭不少人的讥诮，竟可以说没有一个人能明白我，能看透我的。一个人遭着不可言语的痛苦，当然地不由生出厌世之心，所以我一天天地只是藏起了我的真实的心已而拿一个虚伪的心来对付这混浊的社会，也不再希望有人来能真直的认识我明白我。甘心愿意从此自相摧残的快快了此残生，谁知道就在那时候会遇见了你，真如同在黑暗里见着了一线光明，遂死的人又兑了一口气，生命从此转了一个方向。摩摩，你的明白我，真算是透彻极了，你好像是成天钻在我的心房里似的，直到现在还只是你一个人是真还懂得我的。我记得我每遭人辱骂的时候你老是百般的安慰我，使我不得不对你生出一种不可言喻的感觉，我老说，有你，我还怕谁骂，你也常说，只要我明白你，你的人是我一个人的，你又为什么要去顾虑别人的批评呢？所以我哪怕成天受着病魔的缠绕再也不敢有所怨恨的了。我只是对你满心的歉意，因为我们理想中的生活全被我的病魔来打破，连累着你成天也过那愁闷的日子。可是二年来我从来未见你有一些怨恨，也不见你因此对我稍有冷淡之意。也难怪文伯要说，你对我的爱是Complete and true的了，我只怨我真是无以对你，这，我只好报之于将来了。

　　我现在不顾一切往着这满是荆棘的道路上去走，去寻一点真实的发展，你不是常怨我跟你几年没有受着一些你的诗意的陶熔么？我也实在惭愧，真也辜负你一片至诚的心了，我本来一百个放心，以为有你永久在我身边，还怕将来没有一个成功么？谁知现在我只得独自奋斗，再不能得你一些相助了，可是我若能单独撞出一条光明的大路也不负你爱我的心了，愿你的灵魂在冥冥中给我一点勇气，让我在这生命的道上不感受到孤立的恐慌。我现在很决心的答应你从此再不张着眼睛做梦躺在床上乱讲，病魔也得最后与它决斗一下，不是它生便是我倒，我一定做一个你一向希望我所能成的一种人，我决心做人，我决心做一点认真的事业，虽然我头顶只见乌云，地下满是黑影，可是我还记得你常说"受苦的人没有悲观的权利"，一个人决不能让悲观的慢性病侵蚀人的精神，同厌世的恶质染黑人的血液。我此后决不再病（你非暗中保护不可）我只叫我的心从此麻木，不再问世界有恋情，人们有欢娱，我早打发我的心，我的灵魂去追随你的左右，像一朵水莲花拥扶着你往白云深处去缭绕，决不回头偷看尘间的作为，留下我的躯壳同生命来奋斗，到战胜的那一天，我盼你带着悠悠的乐声从一团彩云里脚踏莲花瓣来接我同去永久的相守，过吾们理想中的岁月。

一转眼，你已经离开了我一个多月了，在这短时间我也不知道是怎样过来的，朋友们跑来安慰我，我也不知道是说什么好，虽然决心不生病，谁知一直到现在它也没有离开过我一天，摩摩，我虽然下了天大的决心，想与你争一口气，可是叫我怎生受得了每天每时的悲念你时的一阵阵心肺的绞痛，到现在有时想哭眼泪干得流不出一点，要叫，喉中疼得发不出声，虽然他们成天的逼我一碗碗的苦水，也难以补得了我心头的悲痛，怕的是我恹恹的病体再受不了那岁月的摧残，我的爱，你叫我怎样忍受没有你在我身边的孤单。你那幽默的灵魂为什么这些日子也不给我一些声响？我晚间有时也叫了他们走开，房间不让有一点声音，盼你在人静时给我一些声响，叫我知道你的灵魂是常常环绕着我，也好叫我在茫茫前途感觉到一点生趣，不然怕死也难以支持下去了。摩！大大！求你显一显灵吧，你难道忍心真的从此不再同我说一句话了么？不要这样的苛酷了吧！你看，我这孤单一人影从此怎样的去撞这艰难的世界？难道你看了不心痛么？你爱我的心还存在么？你为什么不响？大！你真的不响了么？

徐志摩走了之后，陆小曼的绯闻男友翁瑞午被无形中被放大了。陆小曼第一次吸食鸦片就是在翁瑞午的"唆使"下开始的，一开始便注定了无法割弃。没有了徐志摩，陆小曼失去的不仅仅是精神上的依托，同时也断了一切经济来源。她要吸食鸦片，还要照顾表妹一家，经济压力空前巨大。

对于陆小曼，翁瑞午一定是极爱的，起初，他饱受绯闻影响也不曾放弃的那份执着，如今看来是一项绝对优良的保护措施。他很自然地担当起这个支离破碎的家庭的顶梁柱，负责陆小曼的一切衣食住行等经济支出。起初，陆小曼觉得有些别扭，不知道用什么样的身份接纳他，但没有他又不行。昔日的"校园皇后"早已久病缠身，陆小曼也想拿起画笔创作，但身体已经不听大脑的支配了。

因为陆小曼的身体越来越不好，翁瑞午索性搬进了陆小曼的家长住，但不同楼层，后来同楼层不同卧室，再后来同卧室不同床……陆小曼很坦诚地表示过她对于翁瑞午是一种怎样的感情，陆小曼说："我与翁最初绝无苟且瓜葛，后来志摩坠机死，我伤心至极，身体太坏。尽管确有许多追求者，也有许多人劝我改嫁，我都不愿，就因我始终深爱志摩。但是由于旧病更甚，翁医治更频，他又作为老友劝慰，在我家长住不归，年长日久，遂委身矣。但我向他约法三章：不许他抛弃发妻，我们不正式结婚。我对翁只有感情没有爱情。"

陆小曼与翁瑞午一起生活了二十几年。1961年，翁瑞午病逝，享年62岁；1965年，陆小曼病逝，享年62岁。徐志摩虽已离开34年，可是他依旧是她心里最爱的人。去世的前几天，她把《徐志摩全集》的手稿样本与纸版收集起，交给了徐志摩的表妹夫陈从周，再三嘱咐一定要将其出版，一起给陈从周的，还有徐志摩去世时带在身边的她画的那幅山水画卷。

静静躺在梦里的牵挂

　　徐志摩的离世，同样备受打击的还有林徽因。她可以哭，但却不能像陆小曼那般肆无忌惮地哭，也不能像张幼仪那样真实地哭。因为曾经有着一段感情纷扰，现在的林徽因又是梁思成的妻子，孩子的母亲，她哭的声调都应该是被规划好了的。

　　林徽因能不伤心吗，要不是应她之邀前来听讲座，徐志摩也不会在漫天大雾的情况下依然选择乘廉价的飞机前来，也就不会年纪轻轻就命丧山谷。事后，林徽因请求梁思成在徐志摩乘坐的"济南号"的失事地点将飞机残骸带回一块，将其挂在家中，直到离世。

　　但林徽因和梁思成的儿子梁从诫却始终坚信，母亲林徽因真正爱的是父亲梁思成，而徐志摩顶多是单相思。梁从诫在多次被问及母亲与徐志摩之间的阴差阳错之时，都会坦然应对，那种坦然和淡漠让我们相信，他不愧为林徽因的儿子，母子一样淡然面对一切。

图8-1 人才辈出家族成员：被誉为"国宝"之一的中国著名建筑学家梁思成，杰出女诗人、建筑学家林徽因，中国工程院院士、航空专家梁思礼，考古学家梁思永，图书馆学家梁思庄，环保专家梁从诫，史学家杨念群。

任何一个孩子都不会把自己的母亲当作女人看待，母亲长得再美，也是母亲，仅此而已。她在我心中，是一位面容瘦削的病人，是一位最普通的中国妇女。

当然，有时候翻翻母亲过去的照片，我也觉得她年轻时的确很美，然而在我念小学的时候，她的疾病就开始复发，所以留在我脑海里的母亲形象总是一副病容，完全不是人们想象中那副光采照人的样子。

母亲很朴素，抗战时代的生活也过得很苦，我看得最多的就是她披散着头发，在厨房里挽起袖子洗衣服的样子，哪是照片中那么穿着光鲜，细心打扮。

母亲的美，是一种精神上的美，她是一个非常真实非常自然的人，与人谈话时，兴奋起来完全忘乎所以。

旁人忘了她是一个病人，她自己也忘了自己是一个病人。

母亲去世前还在病榻上给研究生上课，她是一位特别可怜的病人，我对她那副模样记得很清楚。

徐志摩也许真的爱过我母亲，但是我母亲对他却绝对没有爱情，有也仅仅是友情而已。这点我们作为家属必须澄清。

其实一点都不难理解，像我母亲那么美丽又有才气的女人，很多男人追求是很正常的，如果这么好的女人，身边竟没有一堆男人来爱，那才奇怪呢……

感情升华到一定程度，我们就很难找到一个恰当的词语来形容了。婚后的林徽因和梁思成也是存在矛盾的，没有恋爱时候那么唯美，但林徽因非常懂得自己要的是什么，所以她无论在精神上还是在肉体上都不允许自己出轨。相比之下，林徽因1955年离开人世后，梁思成又续弦的做法，就显得不为人所称道了。

林徽因死于肺结核，她的病情在1931年的时候曾经一度严重到必须休假静养的程度。那个时候，林徽因从沈阳来到北平香山双清别墅养病，徐志摩就经常去看望她。这个在她少年时期就对她爱得深沉的男子给予林徽因无微不至的关怀，还为林徽因写了很多美好的诗歌。作为报答，林徽因也写诗回赠，她的那首《仍然》就被"定义"为徐志摩那首《偶然》的回礼。

仍然

林徽因

你舒伸得像一湖水向着晴空里
白云，又像是一流冷涧，澄清
许我循着林岸穷究你的泉源：
我却仍然怀抱着百般的疑心
对你的每一个映影！

你展开像个千瓣的花朵！
鲜妍是你的每一瓣，更有芳沁，
那温存袭人的花气，伴着晚凉：
我说花儿，这正是春的捉弄人，
来偷取人们的痴情！

你又学叶叶的书篇随风吹展，
揭示你的每一个深思；每一角心境，
你的眼睛望着，我不断的在说话：
我却仍然没有回答，一片的沉静
永远守住我的魂灵。

徐志摩逝世后，林徽因生命中第三个男子走了进来，他叫金岳霖，一名哲学家、数学家，一生只钟爱林徽因一个女子，并且不抢夺他人之妻，也不破坏他人家庭，只折磨自己——终身未娶，孤独终老。

　　在林徽因的感情世界里，也许金岳霖就是她的人间四月天。

　　林徽因一直保留的一个物品是徐志摩乘坐的那架失事的飞机的一块残骸。或许是因为她一直珍藏它，很多人以为她心里的最爱依然是徐志摩。其实，徐志摩心里有两个挚爱的女人，林徽因和陆小曼；林徽因的心里有三个男人，梁思成、徐志摩和金岳霖。我们不是当事人，自然没有活在他们的情感和爱里面，也就很难去评说谁是他和她的最爱。爱，本身也是很难准确用语言形容的情愫。我们始终相信，徐志摩生命的最后一秒，一定牵挂着林徽因，也牵挂着陆小曼。

曾经的执着

　　作为徐家最受尊重的女主人，张幼仪的一生虽没有得到徐志摩的零星之爱，但却获得了除了丈夫的爱之外的几乎所有。事业有成、儿子孝顺、前夫的父母视她为己出。徐家二老更将整个徐家的家产一分为三：徐家二老占1/3，陆小曼与徐志摩占1/3，张幼仪与孙子徐积锴拥有1/3。

　　离婚后的张幼仪变得更加坚强，或者说是脱胎换骨，就连从未正眼瞧过她的徐志摩都不得不承认："C是个有志气有胆量的女子……她现在真是'什么都不怕'。"

　　对于离婚这件事，张幼仪并不恨徐志摩，她的大度不禁让世人对她刮目相看。张幼仪曾对侄孙女张邦梅（张幼仪的八弟张禹九的孙女）说过一句耐人寻味的话："我要为离婚感谢徐志摩。若不是离婚，我可能永远都没办法找到我自己，也没办法成长。他使我得到解脱，变成另一个人。"

张幼仪与徐志摩离婚后在柏林求学期间，曾有适龄男子追求她，她的回答很简单："我还不想结婚。"那个时候的张幼仪的确没有结婚的计划，毕竟，她曾经那般认真地经营自己的婚姻和家庭，却依然未能得到圆满的结局。而且，张幼仪的家人对徐家，特别是对徐志摩的尊重也是有目共睹的，甚至夸张到，张家人对徐志摩的重视超越了对张幼仪的重视。这从幼仪四哥张嘉璈的"告诫"中已有洞悉。张嘉璈极其严肃地对妹妹张幼仪说："为了保住张家的颜面，她在未来五年里，都不能让别人看见她跟某个男人同进同出，以免别人认为徐志摩与她离婚是因为她不守妇道。"

半封建社会的男女之间很多事情本就不公平，在徐家和张家这种处于风口浪尖的大家族里，更是封建得让女人不敢喘息。张幼仪要恪守妇道，严格履行"三从四德"的本分，而徐志摩却疯狂追求林徽因，虽未追求成功，但又很是时机地追求到了陆小曼，还是从同门师兄弟王赓怀里抢过来的。

或许是为了避嫌，或许是不放心徐家二老，或许是儿子徐积锴的教育和生活离不开妈妈，张幼仪回国了。回国后的张幼仪，最开始是帮着儿子的爷爷徐申如打理财务。做事本就本分精细的张幼仪，给徐家理财理得顺风顺水，十分得力，也积累了一定的财务技能上的基本功。后来，她担任上海女子商业储蓄银行副总裁和云裳时装公司总经理两个职务，以及在风大浪大的股市里小赚一笔，又买了地皮建了新房给徐家二老居住。

战争期间，她囤积军服染料，直到价格上涨一百倍才果断出手。她还投资过风险更高的棉花和黄金，同样能够获利。由于张幼仪为人极守信用，战时，女子储蓄银行竟然撑过了一道又一道难关。

晚年时期的张幼仪在口述自传中说："我不是有魅力的女人，不像别的女人那样，我做人严肃，因为我是苦过来的。"对比徐志摩的风流倜傥，张幼仪的一生真的是少了很多情感上的慰藉和灵魂上的满足。也因此，她一生都不能原谅徐志摩的"出轨"行为："文人就是这个德性！"

对于林徽因和陆小曼，张幼仪鲜少评论，或者说，她们二人在幼仪的人生观中，若出现，就是自我玷污。但不可否认的是，张幼仪对林徽因和陆小曼爱着和深爱着徐志摩的那份情感有那么一点点的"苟同"，就是很难去权衡。张幼仪曾疑惑："如果林徽因爱徐志摩，为什么在他离婚后，还任他晃来晃去？那叫作爱吗？"对于陆小曼，张幼仪同样有着另一番见地："人们说陆小曼爱他，可我看了她在他死后的作为（拒绝认领遗体）后，我不认为那叫爱，爱代表善尽责任，履行义务。"

张幼仪认为，徐志摩这一辈子遇到的几个女人里面，可能最爱他的是她张幼仪。因为，在台湾出版的《徐志摩全集》正是张幼仪摒弃前嫌精心整理出来的。而她，完全可以不去做这件事，没有责任也没有这份义务。

张幼仪是唯一被允许"认祖归宗"的儿媳妇，在这一点上，张幼仪赢了，她虽输了徐志摩一人，却轰轰烈烈赢了全世界！

后记

徐志摩去世后，梁思成从飞机失事的地方，捡了一块飞机残骸，林徽因把它挂在卧室的床头，一直一直，以这种方式来纪念这位在她懵懂时便走进了她的生命的男人。

张幼仪是个坚强的女人，她的坚强从嫁给徐志摩那一天起就格外令人心疼，所以，后来的离婚和再后来他的死亡，带给张幼仪的并不是伤痛，而是要越发坚强。世界上没有第二个徐志摩，亦没有第二个张幼仪，但徐志摩与张幼仪的故事却在没有开始的时候已经接近了尾声。

少妇陆小曼一生最爱的便是徐志摩，之前之后有过别的男人，却从未有一人能超越徐志摩在陆小曼生命中的地位。徐志摩死后，林徽因继续过着自己的生活，张幼仪甚至活得更加坚强，仿若只有陆小曼的灵魂，伴着徐志摩的生命一并逝去了。

徐申如在送走了妻子之后，被迫白发人送黑发人。人这一生，并不是因为有了孙子就可以淡忘失去儿子的痛，所谓的经济管控与"拉黑"父子关系也不足以抹去这位商人的丧子之痛。

那一年，徐积锴才13岁。他出生时父亲就在国外学习，整个童年，父母都在国外留学，他对父亲徐志摩的记忆多来自书本上的描述。或许他的一生并不会因为徐志摩的离开而受到过多的影响，或许父亲只是他幼小心灵中的一个词语，一个符号。

作为那样一个时代的年轻人，徐志摩似乎拥有了一切属于那个时代的光鲜：他是中国文坛上曾经活跃一时并有一定影响的作家。徐志摩的思想变化以及他在不同时期的文学作品，影响的不仅仅是他和他身边的诗友，也影响了中国的新诗发展史。徐志摩在创作路上的脚步，为中国的新诗发展史开辟了一条探索性的尝试与革新道路。他的诗歌有着相当独特鲜明的风格，有一定的艺术技巧，只是，这样的光鲜来得太短暂。

中国著名革命家、教育家、政治家蔡元培，曾为徐志摩写挽联：谈话是诗，举动是诗，毕生行径都是诗，诗的意味渗透了，随遇自有乐土；乘船可死，驱车可死，斗室生卧也可死，死于飞机偶然者，不必视为畏途。简简单单的几十个字，抒发出了时代与文学赋予徐志摩的怀念。

徐志摩一生的情感和创作跌宕起伏，就连他离开之后的墓地也经历过三次变迁。

1932年，徐志摩落葬于海宁东山，好友胡适在坟墓的石碑上题写了"诗人徐志摩之墓"。然而，这座有胡适题的碑文的墓却在1966年被红卫兵炸毁，连棺木也被拖了出来，骸骨散落。几年后，原址上建起了化肥厂，诗人的墓在动乱中荡然无存。

徐志摩的父亲徐申如认为胡适为儿子题的碑文过于简单，又请到了徐志摩生前的红颜知己——被称为闺秀派才女的凌叔华再题一个碑文。凌叔华借鉴曹雪芹"冷月葬花魂"的寓意，题碑文"冷月照诗魂"。然而，这块墓碑也在动乱中消失。

1983年，海宁市政府重建徐志摩墓并改建在西山，徐志摩的表妹夫、著名建筑学家、同济大学教授陈从周设计并撰迁墓记，但整个墓中只有一本《徐志摩年谱》。

墓址三迁后，一代诗魂终尘埃落定。属于文学的才子，你在逝去多年之后留给世人的依然是万丈光芒。悄悄地，你走了，不带走一片云彩，却留下了文学诗坛上一抹无限的光亮。

在本书的创作过程中，很多老师都付出了努力，在此要一一向各位老师致谢，他们是高婉卓、吉拥泽、陈雪、杜馨、贺艳琨、胡蝶、姜日锋、李寒冰、曹盛敏、刘丽娟、彭东、吴丽丽、王洋、张晓雅。各位老师在本书创作过程中的各个环节均有不同程度的参与，为本书的顺利出版做出了贡献，也正因各位老师的积极配合才使得本书能够将更好的内容展示给读者。而这本书若是能够带给读者精神上的思考与享受，便是所有创作组成员最大的心愿和幸福。

附录　徐志摩年表

1897年1月15日，出生在硖石富甲一方的商人之家，父亲徐申如是硖石首富，徐志摩是家中的长孙独子。

1900年，入家塾读书。

1907年，入硖石开智学堂就读，师从张树森，从而打下了古文根底，成绩总是全班第一。

1910年，毕业，入杭州府中学堂（1913年改名为浙江省立第一中学，历经沿革为今日之杭州高级中学），与郁达夫同班。他爱好文学，并在校刊《友声》第一期上发表论文《论小说与社会之关系》，认为小说有益于社会，"宜竭力提倡之"。同时，他对文学也有兴趣，并发表了《镭锭与地球之历史》等文。

1915年夏，于第一中学毕业后，考入上海沪江大学。12月5日，农历乙卯年十月二十九日，与张君劢之妹张幼仪结婚后转入上海浸信会学院学习。

1916年春，从上海浸信会学院退学。同年秋，转入国立北洋大学（今天津大学）法科预科。次年，北洋大学法科并入北京大学，入北京大学预科学习。

1918年6月，拜梁启超为师。8月赴美留学，入克拉克大学历史系。

1919年9月，入哥伦比亚大学经济系。

1920年10月，入英国伦敦政治经济学院。其间结识英国作家威尔斯，对文学兴趣渐浓。后在剑桥大学游学。

1921年，正式入剑桥大学国王学院学习。

1922年3月，与张幼仪离婚。同年10月回国。

1923年3月，发起成立"新月社"。同时在北京松坡图书馆任英文秘书。

1924年4月至5月，泰戈尔访华，陪同其在各地访问。5月至7月，陪同其到日本、香港访问。8月，第一本诗集《志摩的诗》出版。12月，《现代评论》周刊在北京创刊，为主要撰稿人。在北京大学英文系任教。

1925年3月，辞去北京大学教职。3月至7月，赴欧洲旅游。

1926年，应聘任光华大学教授，兼东吴大学法学院英文教授。主持《晨报副刊·诗镌》。10月，与陆小曼结婚。

1927年7月，创办新月书店。9月，第二本诗集《翡冷翠的一夜》由新月书店出版。

1928年2月，兼任上海大夏大学教授。3月10日，与闻一多、饶孟侃、叶公超等创办《新月》月刊。6月至10月，赴日、美、欧、印等地旅游。11月，最有名的代表作《再别康桥》问世。

1929年，辞去东吴大学、大夏大学教职，应聘任国立中央大学文学院英语文学教授。兼任中华书局、大东书局编辑。

1930年底，先后辞去上海光华大学、国立中央大学教职。

1931年1月，与陈梦家、方玮德等创办《诗刊》季刊。1931年2月，任北京大学英文系教授。兼任北平女子师范大学教授。8月，诗集《猛虎集》出版。1931年11月13日（一说11日），从北平赴上海看望陆小曼，18日离开上海到南京，为赶到北平听林徽因的一个关于古建筑的讲座，19日上午搭乘从南京到北平的"济南号"邮机，到达济南附近时飞机触山失事，遇难身亡，时年34岁。